社会保障各論

所得保障——その仕組みと課題——

田畑 洋一 著

学文社

は　し　が　き

　現代の社会保障は，生存権保障の理念に基づく全国民を対象とした生活保障制度である。それ故，社会保障制度はすべての国民の生活に不可欠なものとして構造的に組み込まれており，いわば「生活の前提」となるものである。しかも，社会保障が個人の力のみでは対応できない事故が発生した場合の安全網として機能することにより，それは社会・経済の発展に寄与することになる。

　しかし，わが国の社会保障制度は，とくに1980年代以降，大きな転機を迎えることになる。その要因となったのは，産業構造・就業構造の変化等であるが，何よりも大きなインパクトを与えているのは，人口の急速な高齢化である。こうした新しい経済・社会状況の中で，国民が安心できる社会を築くためには，将来にわたって安定的に運営できる社会保障制度を構築していくことが重要になる。とくに所得は生活の基本的基盤であり，所得の喪失・減少・不足に対しては，基本的には生計費を保障することによって，人間に値する経済生活を実現することが必要である。

　本書は，こうした観点から，社会保障の第一の部門・領域である所得保障の仕組みと課題についてまとめたものである。ここでは昨今の制度改革をふまえ，複雑な所得保障の各制度をできるだけわかりやすく述べた。具体的には，第1章では公的年金を取り上げ，国民年金，厚生年金保険および共済組合等の各制度を詳述し，今日的課題を述べた。第2章では労働者災害補償保険の仕組みと課題について，第3章では雇用保険の仕組みと課題について，第4章では社会保険と公的扶助の中間的形態である社会手当をとりあげた。そして最終章の第5章では生活困窮者の「最後の砦」である生活保護制度の仕組みを述べ，その課題に言及している。

　以上が本書の構成であるが，本書が多少なりとも学習意欲を増進させ，読者のみなさまのお役にたつことができれば幸いである。最後に，ご多忙中にもか

かわらず，本書の出版・編集の労をお引受けいただいた学文社社長田中千津子さんに厚くお礼を申し上げたい。

2000年6月30日

田畑　洋一

目　次

はしがき …………………………………………………………………… i

第1章　公的年金 ………………………………………………………… 1
　第1節　公的年金制度の沿革と体系 ………………………………… 1
　　1．制度の創設と展開…1　／2．年金改革の概要と新体系…3
　第2節　国民年金 …………………………………………………… 20
　　1．国民年金の仕組み…20　／2．給付…32　／3．費用…40　／
　　4．不服申立て，時効および雑則…47　／5．国民年金基金…51
　第3節　厚生年金保険 ……………………………………………… 55
　　1．厚生年金保険の仕組み…56　／2．給付…69　／3．保険料…
　　79　／4．不服申立て，時効および雑則…82　／5．厚生年金基金
　　および厚生年金基金連合会…84
　第4節　共済組合等 ………………………………………………… 91
　　1．国家公務員共済組合…91　／2．地方公務員等共済組合…94／
　　3．私立学校教職員共済…96　／4．農林漁業団体職員共済組合…
　　97
　第5節　公的年金の課題 …………………………………………… 98
　　1．次期制度改正への検討…99　／2．農林漁業団体職員共済の厚
　　生年金への統合…99　／3．「空洞化」問題…100

第2章　労働者災害補償保険 ………………………………………… 103
　第1節　労災保険の仕組み ………………………………………… 103
　　1．目的…103　／2．適用事業・適用労働者と特別加入…104　／
　　3．費用…105　／4．労働災害補償保険審議会…105

第2節　業務災害と通勤災害 …………………………………………106
　　1．業務災害…106　／2．通勤災害…108
第3節　給付基礎日額の意義とスライド制 …………………………111
　　1．給付基礎日額…111　／2．スライド制と年齢階層別の限度額
　　…112
第4節　保険給付 ………………………………………………………115
　　1．療養補償給付（療養給付）…116　／2．休業補償給付（休業給
　　付）…117　／3．傷病補償年金（傷病年金）…118　／4．障害補償
　　給付（障害給付）…119　／5．介護補償給付（介護給付）…121　／6．
　　遺族補償給付（遺族給付）…121　／7．葬祭料（葬祭給付）…123
第5節　保険給付と他の制度との調整 ………………………………123
　　1．民事損害賠償との関係…123　／2．労働基準法との関係…126
　　／3．医療保険との関係…126　／4．公的年金との関係…127
第6節　労働福祉事業 …………………………………………………127
　　1．援護事業…127　／2．援護事業以外の労働福祉事業…135
第7節　不服申立て ……………………………………………………138
　　1．保険給付の決定に対する不服申立て…138　／2．保険給付に
　　関する決定以外の処分に対する不服申立て…140
第8節　労災保険の課題 ………………………………………………141
　　1．災害認定の問題…141　／2．「過労死」認定問題…141　／3．
　　安全・健康の確保…142

第3章　雇用保険 …………………………………………………………143
第1節　雇用保険の仕組み ……………………………………………143
　　1．目的…143　／2．被保険者…144　／3．費用…145
第2節　失業等給付 ……………………………………………………146
　　1．求職者給付…146　／2．就職促進給付…154　／3．教育訓練

給付…158　／４．雇用継続給付…158
　第３節　雇用三事業 …………………………………………………………161
　　　１．雇用安定事業…161　／２．能力開発事業…161　／３．雇用福
　　　祉事業…162
　第４節　不服申立て …………………………………………………………162
　第５節　雇用保険の課題 ……………………………………………………163

第４章　社会手当 ………………………………………………………………167
　第１節　児童手当 ……………………………………………………………167
　第２節　児童扶養手当 ………………………………………………………169
　第３節　特別児童扶養手当等 ………………………………………………170
　　　１．特別児童扶養手当…172　／２．障害児福祉手当…173　／３．
　　　特別障害者手当…173

第５章　生活保護制度 …………………………………………………………175
　第１節　生活保護の考え方 …………………………………………………175
　　　１．生活保護の基本原理…175　／２．生活保護の実施上の原則…
　　　184
　第２節　保護の種類，保護施設，指定医療機関 …………………………188
　　　１．保護の種類・範囲・方法…188　／２．保護施設…196　／３．
　　　指定医療機関等…199
　第３節　保護の決定，開始および停廃止 …………………………………201
　　　１．保護決定の意義…201　／２．保護の要否判定と程度…202　／
　　　３．保護の開始の時期…206　／４．保護の停止および廃止…206
　第４節　被保護者の権利・義務と不服申立て ……………………………209
　　　１．被保護者の権利…209　／２．被保護者の義務…211　／３．不
　　　服申立制度…214

第5節　生活保護の課題 …………………………………………218
　　1．補足性原理の解釈基準の法定化…218　／2．国籍条項の廃止…218／3．生活保護基準の法定化…219　／4．手続的権利の具体化とオンブズマン制度の採用…219

第1章　公的年金

　わが国の公的年金制度には，国民年金，厚生年金保険および4つの共済組合等からなる合計6つがある。このうち，国民年金は他の公的年金制度の土台となる年金制度で，厚生年金保険と4つの共済組合等はその上乗せ給付をする制度である。

第1節　公的年金制度の沿革と体系

1．制度の創設と展開

　公的年金はどこの国でも公務員に対する恩給制度に始まるが，わが国の場合も，1875（明治8）年の海軍退隠令，翌1876（明治9）年の陸軍恩給令，1884（明治17）年の官吏恩給令が出発点になっている。後にこれらは1923（大正12）年に恩給法として統一されたが，恩給制度の適用を受けられない現業官庁の雇用人（鉄道，専売，造幣現業員など）に対しては官業共済組合が設立され，恩給にならって漸次年金給付をとり入れるようになった。

　また，民間の労働者を対象にした公的年金制度は，戦時下の1939（昭和14）年の船員保険法が始まりであった。そして，1941（昭和16）年には陸上労働者を対象とした労働者年金保険法が制定された。このように船員の年金制度が陸上労働者に先がけて創設された背景には，船員の確保によって海上輸送力を増強しようとする国防上の要請もあったのである。労働者年金保険法は10人以上事業所の筋肉男子労働者を対象とするものであったが，これが1944（昭和19）年には厚生年金保険法と改称され，適用対象が5人以上の事業所に拡大され，女子や事務職員もその適用を受けることになった。同法は「産業戦士の恩給」などと呼ばれ，その給付は養老年金，廃疾（障害）年金，遺族年金，脱退手当金，結婚手当金などであったが，老齢年金の受給者が当分発生しないことから，年金積立金を戦費調達に流用するのが目的ではないかとの批判もあったが，

1954（昭和29）年の全面改正により，社会保障の理念の下に再建された。

第2次世界大戦後，公的年金は憲法第25条の生存権規定に基づく社会保障制度の一環に組み入れられた。それまでの共済組合は統合され，1948（昭和23）年に国家公務員等共済組合が設立され，恩給法の適用のなかった現業部門の官吏以外の職員にもその年金が適用され，1959（昭和34）年からは従来の恩給法が廃止されて共済組合の年金給付に切り替えられた。一方，国鉄・電電・専売等の公社職員などについては，公共企業体職員等共済組合法（1956年）が施行され，年金制度を一本化した。市町村職員共済組合法は1962（昭和37）年に地方公務員等共済組合法に改められ，これに公立学校職員や警察職員等が統合され，地方公務員の年金制度として統一された。

厚生年金は1954（昭和29）年に抜本的に改正されたが，同法における積立金の自主運用や年金額を不満とした特定グループが厚生年金から離脱した。すなわち，それまで厚生年金の適用対象であった私立学校教職員に対しては私立学校教職員共済組合法（1954年）が，農林漁業団体職員に対しては農林漁業団体職員共済組合法（1958年）が制定され，厚生年金から分離・独立することとなった。

以上は官吏・公務員を含めた被用者に対する制度であるが，被用者以外の一般国民についても年金制度の必要性が高まっていた。1950年代後半当時，被用者年金の適用者は全就業者の約1/3にすぎず，残りの2/3は年金制度の適用を受けられないままにとり残されていた。そのため，年金制度の適用から漏れていた自営業者や5人未満の零細事業所等の被用者を対象として，1959（昭和34）年に国民年金法が制定された。

国民年金は拠出制年金を基本とし，これに無拠出制の福祉年金を経過的・補完的に併用する建前で発足した。無拠出制の福祉年金は1959年11月から給付が開始され，拠出制年金は1961（昭和36）年4月から実施された。また1961年には，個別の制度では資格期間を満たし得ない者にも，老齢年金を支給するための通算年金則法が制定され，ここに制度的には国民皆年金の体制が整えられ

ることになった。

　しかし，皆年金は実現したものの，共済年金を除いては，給付水準が低水準におかれていた。そのため，給付の改善を求める要望が強まり，厚生年金は1965年改正による「1万円年金」と厚生年金基金制度の創設，1969年改正による「2万円年金」，1973年改正による「5万円年金」が実現した。特に1973年改正では，給付水準の改善とともに，年金額の実質的価値を維持するための物価スライド制の導入，標準的年金を賃金・標準報酬の60%とする方針が打ち出されるなど，画期的な改正であった。この間，国民年金でもほぼ同様な改正が行われたが，すでに意識されていた高齢化現象を背景に，制度分立の下での制度間格差，女性の年金保障の不安定性，給付水準の適正化などの諸問題が各方面から指摘され，年金制度の抜本的見直しの必要性が痛感されていた。

2．年金改革の概要と新体系
1）　1985（昭和60）年改革と基礎年金

　年金制度の抜本的な再編成は，その改革をめぐる公私のさまざまな論議を経て，行財政改革の一環として断行された。まず1985（昭和60）年4月に国民年金法と厚生年金法の改正が行われ，同年12月に各種共済組合法が改正され，新年金制度は翌1986年4月から実施された。旧年金制度では，農業，漁業，商業等の自営業者は国民年金に加入し，民間の被用者や公務員は厚生年金保険や共済組合に加入するという「タテ割り」の仕組みで，彼らの被扶養配偶者の国民年金への加入は任意となっていた。そのため，国民年金に加入していない妻の場合，離婚すると無年金になるとか，障害年金の保障が欠けていた。

　これに対し，新年金制度では被用者とその妻も含めて，20歳以上の全国民を国民年金に加入させ，これにより国民年金から共通の基礎年金の支給を受ける制度に改めたのである。そして厚生年金保険や共済組合は，原則として報酬比例の年金を支給する「基礎年金の上乗せ」の制度として位置づけ，全体として「2階建て」の年金制度に再編成した。さらに，船員保険の職務外年金部門は，厚生年金保険に完全に統合された（図表1-1参照）。

図表1-1　制度再編成図

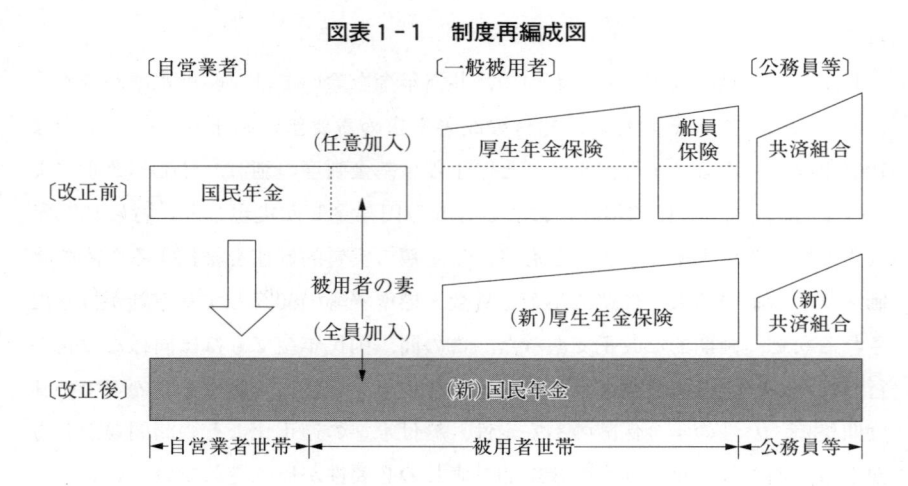

〔自営業者〕　　　〔一般被用者〕　　　〔公務員等〕

〔改正前〕　国民年金（任意加入）／厚生年金保険／船員保険／共済組合

被用者の妻（全員加入）

〔改正後〕　(新)国民年金　／　(新)厚生年金保険　／　(新)共済組合

|←自営業者世帯→|←　被用者世帯　→|←公務員等→|

　基礎年金は個人単位の給付であり，これは老齢・障害・遺族の形で支給される。老後保障の中核となりうる老齢基礎年金の給付水準は，65歳以上の単身世帯の基礎的消費支出にほぼ見合うものとして設定され，20～60歳までの40年間すべて保険料を納付した場合，1984（昭和59）年度価格で60万円（月額5万円）とされた。ただし，基礎年金は社会保険給付であるため，年金制度への未加入期間や保険料の未納期間がある場合には，その期間に応じて減額されることになる。

2）　1989（平成元）年改正の概要

　1985年改革では，年金制度の1階部分に全国民共通の基礎年金を導入することにより，公的年金制度体系の再編成が行われたが，2階部分の被用者年金は依然として各職域ごとの小集団に分立したままであった。公的年金が世代間扶養の色合いを濃くしていくなかで，小集団に分立したままでは所属した制度によって，各人の給付と負担に不公平な差が生じるばかりでなく，産業構造・就業構造の変化に対応できず，鉄道共済やたばこ共済などにみるように，財政的に困難な状況に陥る制度も生じた。

　こうした状況を踏まえ，「国民年金法等の一部を改正する法律案」および

「被用者年金制度間の費用負担の調整に関する特別措置法案」が国会に上程され，1989（平成元）年12月可決成立した。以下，国民年金・厚生年金の改正の概要について解説する。

(1) 給付内容の改善

給付額は，前回改正後の消費支出の伸び，生活水準・賃金水準の向上等を踏まえて実質的な改善（1989年4月実施）を行った。具体的には，基礎年金については前回改正時の月額5万円（1984年度価格）を5万5,500円に引き上げた。また老齢厚生年金等の被用者年金報酬部分については，前回改正後の標準報酬の伸び等を勘案して，標準報酬月額に一定率を乗じて再評価を行うことにより給付額を改善した。その結果，制度成熟時における厚生年金の老齢給付受給者の標準的な年金額は，老齢基礎年金と老齢厚生年金あわせて月額19万7,400円（40年加入，夫婦）になった。これは，現役男子の平均標準報酬月額（28万8,000円）の69%に相当する水準であり，前回改正の際に設定された給付水準の維持が図られた。その他，障害基礎年金，遺族基礎年金についても同様の改善がなされた。

また給付内容は，完全自動物価スライド制の導入（1990年度から実施）によっても改善された。従来は前年の消費者物価上昇率が5%を超えて変動した場合に政令により物価スライドを行うという方式をとっていたが，今回の改正においては，自動物価スライドの5%基準を撤廃し，前年の消費者物価変動率に応じて政令で年金額の改定を行うことができることとし，年金額の実質的価値の維持が図られた（国年法16条の2，厚年法34条）。

さらに在職老齢年金の支給制限となる標準報酬月額の限度額も引き上げられた。厚生年金の支給は受給資格を満たした者が退職したときに行うのが本来の姿であるが，60～64歳層の者で，標準報酬月額の低い者については，高齢者雇用の促進に寄与するという観点から，例外的に在職中でも老齢厚生年金を支給することとしている。この在職老齢年金制度の仕組みについては，従来から僅かな賃金の上昇により支給割合が減り，年金と賃金の合計額が減少するなどの

指摘があったので，今回の改正において，在職老齢年金の支給率の刻みを3段階から7段階にふやすとともに，在職老齢年金を支給する標準報酬月額を従来の20万円から24万円へ引き上げた（厚年法附則8，11条，厚年令8条）。

　この他，年金の支払回数も改善された。従来は年4回払い（2，5，8，11月）であったが，これが今回の改善により年6回払い（2，4，6，8，10，12月）に改められた。

(2)　保険料（率）の改訂

　年金の給付改善，受給者数の増加，平均寿命の伸びによる受給期間の長期化などに対応するため，国民年金と厚生年金の保険料（率）が引き上げられた（詳細は後述する）。

　また，厚生年金の給付および保険料の算定基礎となる標準報酬月額の等級については，前回改正以後の被保険者の賃金実態の変化に対応して，改正前の6万8,000円～47万円までの31等級から，8万円～53万円までの30等級に改定された（厚年法20条）。

(3)　学生の国民年金への強制加入

　20歳以上の国民は，原則としてすべて国民年金に加入することとされているが，学生については例外的に任意加入となっていた。この結果，任意加入していない学生にとっては，20歳以上の学生期間に障害者となった場合に，障害基礎年金が支給されないなどという問題があった。そこで，今回の改正においては，20歳以上の学生すべてを第1号被保険者とすることにより（1991年4月実施），障害事故の発生により障害者になった学生への障害基礎年金を支給し，また学生時代から国民年金に加入させることによって満額の老齢基礎年金を保障できるように改めたのである（国年改正法附則（平元）1の4）。

(4)　年金基金制度の整備

　自営業者に対する老後の公的な所得保障の制度としては基礎年金のみであるので，彼らの老後生活の多様なニーズに応え，同時に被用者との公平を図る必要があった。そのために，今回の改正においては，基礎年金の上乗せ年金とし

ての国民年金基金制度が整備された（1991年4月実施）。具体的には，同じ都道府県に住所を有する第1号被保険者が都道府県単位で組織する地域型国民年金基金を新たに創設するとともに，同種の事業または業務に従事する第1号被保険者が全国レベルで組織する職能型国民年金基金の設立要件が緩和された（国年法115，116条）。

また厚生年金基金の資産運用については，従来，信託銀行と生命保険会社に限定されていたが，今回の改正により，投資顧問会社にもその運用を認めるとともに，一定の要件を満たす基金には自家運用の途を開くなど，基金資産運用の方法が弾力化された。

3） 1994（平成6）年改正の概要

国民年金等の一部を改正する法律が1994（平成6）年11月9日法律第95号として公布された。今回の厚生，国民両年金の改正では，基礎年金の国庫負担率を現行の1/3から1/2に引き上げることや公的年金の一元化等の課題は先送りされたが，将来の年金財政健全化と年金制度の長期的安定化のために，60歳代前半は賃金と部分年金で生活を支えるとの基本的な考え方に立って行われた。以下は，その改正の概要である。

(1) 厚生年金の満額支給開始年齢の見直しと部分年金

「特別支給の老齢厚生年金」は，1994年4月1日現在，男性で53歳以上（1941年4月1日以前生まれ），女性では48歳以上であるときは，現行通り60歳から満額支給を受けられるが，1941年4月2日以降生まれの男性の場合は 2001年度（女子は5年遅れ）から61歳となり，60歳からの1年間は報酬比 例相当部分のみの部分年金が支給される。その後，3年ごとに，「特別支給の老齢厚生年金」の満額支給開始年齢が1歳ずつ引き上げられ，2013年度には「特別支給の老齢厚生年金」はなくなり，60歳から64歳までの間は，現在支給されている厚生年金の約半分の「部分年金」（報酬比例部分に相当）が支給されることになる。また女子については，男子よりも5年遅れで切替えが行われる。

なお支給開始年齢引上げには特例措置があり，働くことが著しく困難な3級

以上の障害者や加入期間が45年以上の者には，厚生年金の被保険者ではないこと（働いていないこと）を要件に，65歳前でも満額支給の道が残されている。また希望すれば，部分年金のほかに制度切り替え後の老齢基礎年金を60歳から受給することもできるが，受給期間が長くなるため老齢基礎年金は減額される。

(2) 給付内容の改善

1994（平成6）10月に遡及して，老齢基礎年金，障害等級が2級の障害基礎年金および遺族基礎年金の額を74万7,300円から78万円（月額6万5,000円）に引き上げた（国年法27，33，38条）。1995年4月からは，新年金額（物価スライド率）が設定されることになる。厚生年金は男子新規受給者の平均額（基礎年金を含む）を約20万6,300円から21万4,300円（女子：12万4,500円）に引き上げた。その他，加算額，死亡一時金，特別一時金（以上，国民年金）や加給年金額，加給年金額の特別加算，障害厚生年金等の最低保障額，中高齢寡婦加算，特別支給の老齢厚生年金の年金額等（以上，厚生年金保険）も，1994年10月に遡及して改善された。

遺族年金の支給方法も拡大された。共働きだった夫婦の場合，老齢厚生年金を受給している夫が死亡し，妻が65歳以上になると，現行では，①妻自身の老齢基礎年金と老齢厚生年金との合計，②妻自身の老齢基礎年金と遺族厚生年金（夫の老齢厚生年金の3/4相当）の合計の，いずれか多い方を選択する仕組みになっている。しかし，女性の社会進出が進むなか，妻が長年働いて納めていた保険料が年金額に十分反映されていないとの批判があった。そのため今回の改正により，1995年4月からは，これまでの2つの選択肢のほか，妻は自分の老齢基礎年金プラス，夫の老齢厚生年金の1/2と自分の老齢厚生年金の1/2を合わせて受け取る方法も選択できるようになったのである。

なお「18歳まで」（18歳の誕生日の前日まで）となっている遺族基礎年金等の支給要件に該当する子の範囲を「18歳到達年度の年度末」（3月末）に延長し，また遺族年金等の生計維持要件の認定基準額が年収600万円から850万円に引き上げられた。

また在職老齢年金も，雇用促進の観点から改善された。厚生年金では60歳以上の在職中の被保険者にも，標準報酬月額が24万円以下であれば，65歳になるまでの間，賃金額に応じて，本来の年金額の2～8割までを支給することになっていた。しかし，これでは支給対象者が限定されているうえ，賃金が増加するにつれて，年金の支給停止割合が大きくなるため，賃金が増加しても，賃金と年金の合計額がそれほど増えないので，就業意欲を削ぎ，高齢者の雇用促進を図る観点からマイナスになっているとの指摘があった。そのため，今回の改正で「65歳現役社会」の実現促進という観点から，年金と賃金の合計が，賃金の上昇に応じて増加するような改善が図られた（1995年4月実施，詳細は後述する）。

　なお，社会保障としては過剰給付との判断から，1998年4月からは，失業給付（基本手当）の受給期間中の年金（特別支給の老齢厚生年金）は全額支給停止とされた。また高年齢雇用継続給付（賃金が現役時代に比べ一定以下の場合に支給）も失業給付と同質との判断により，その受給期間中は賃金の10％相当をカットしたうえで支給する減額調整が行われることになった（1998年4月実施）。

(3)　障害基礎年金および障害厚生年金の失権事由の改善等

　厚生年金保険法に規定する障害等級に該当する程度の障害の状態にない（3級非該当）者について，障害基礎年金等の受給権は3級非該当となってから3年を経過したときに失権することとなっていたが，今回の改正により，その者が65歳に達したときに失権するものとされた（国年法35条，厚年法53条）。

　障害基礎年金および障害厚生年金の失権事由が改善されたことに伴い，既失権者が65歳に達するまでの間に再び障害が悪化した場合は，障害基礎年金等の支給を請求することができることとされた。また，障害状態に該当することなく，3年を経過した障害厚生年金の受給権者が別傷病による障害手当金の受給要件に該当した場合には，障害手当金を支給することができることになった（厚年法56条，厚年施行令3条9の2）。

(4) 保険料(率)の改定

　国民年金の保険料は，1995年4月分から月額1万1700円に引き上げられ，以降1999年度まで毎年度500円ずつ引き上げることとされ(国年法87条)，最終的には2万1700円になる見込みである。なお，国年法第16条2の規定により年金たる給付の額の改定の措置が講じられたときは，その率に比例して，保険料の額の改定が行われる。厚生年金の保険料率も改定された(詳細は後述する)。

　また法定免除の取扱いも変わった。障害基礎年金の失権事由が改善されたことに伴い，障害等級に該当することなく，3年を経過した障害基礎年金の受給権者は，保険料を納付することとされた(国年法89条，国年施行令6条5の2)。

　1995年度からは，年3回以下の賞与からも新たに1％(労使折半)ずつ徴収されることになった。なお保険料や保険給付の基礎とされる標準報酬の上・下限も引き上げられ，第1級9万2000円，第30級59万円に改定された。

　一方，育児休業期間中(1歳未満を養育中)の厚生年金保険料の本人負担分は，被保険者が都道府県知事に申し出れば，申し出月から育児休業が終わる翌日が属する月の前月までの間，免除されることになった(1995年4月実施)。なお厚生年金基金に加入している被保険者の場合は，厚生年金基金に申し出をすることにより，免除保険料率の本人負担分(1/2)に相当する掛金を免除することとされている。

(5) 外国人に対する脱退一時金の支給

　日本の年金は25年の加入期間がないと受給権が発生しない。そのため長期間滞在しない外国人の年金保険料は掛け捨てになり，問題にされていた。またそれを理由に年金に加入しない外国人も多いと指摘されていた。そこで，今回の改正により，日本に滞在し，6ヵ月以上年金の保険料を納めていながら帰国した外国人が，最後に被保険者の資格を喪失した日から2年以内に請求を行ったときは，1995年4月から，加入期間に応じて脱退一時金を支給することとなった(国年法附則9条3の2，厚年法附則29条)。

4） 1996（平成8）年改正等

(1) 旧三公社共済年金の厚生年金保険への統合

既に民営化している日本鉄道，日本たばこ産業，日本電信電話の三つの共済年金の厚生年金保険への統合が行われ，1997年4月から実施された。これに伴い，これら三共済の組合員を新たに厚生年金保険の被保険者とし，厚生年金保険のルールに従って年金を支給する。ただし，既に年金を受給している者については必要な配慮を行う。また，統合に際しては，厚生年金保険が過大な負担を負うことのないように，旧三共済から妥当な水準の積立金を移管するとともに，他の共済組合も厚生年金保険に対して，負担能力や財政的に成熟度合いに応じた額の拠出金を納付することとした。

なお，旧三公社の共済組合が厚生年金保険へ統合されたことにより，国家公務員等共済組合は国家公務員共済組合にその名称が改められた。また，従来の私立学校教職員共済組合は日本私学振興財団と統合され，1998（平成10）年4月にその名称を私立学校教職員共済に改められた。

(2) 基礎年金番号の実施

従来，公的年金制度の加入者記録は，加入する各制度ごとの年金番号により別々に管理されてきたが，1997（平成9）年1月から年金番号が共通化され，すべての制度に共通する基礎年金番号制度が実施された，これにより，公的年金制度の全加入期間を通じて，同一の番号で記録の整理が行われるようになるため，加入漏れの解消，手続きの簡素化，年金の相談や裁定の迅速化が可能になり，公的年金業務の一層の効率化や加入者・年金受給者サービスの向上が図られることとなった。

(3) 年金制度の日独通算協定締結

海外で勤務する者については，原則として勤務地の国の年金制度が適用されるが，短期の滞在ではその国の受給資格期間を満たすことができず，掛け捨てになる。また海外勤務期間中も，本国企業との使用関係があれば，自国の年金制度が引き続き適用されるために，勤務地の制度とわが国の制度に年金の二重

加入・保険料の二重払いとなってしまう。こうした問題を解決するために，諸外国との間で協定を締結する必要があるが，ドイツとの間で1998（平成10）年4月に日独社会保障協定の署名が行われ，5月に協定実施のための厚生年金保険法等の特例法が制定され，協定締結が承認された。これにより，仕事で一時的に派遣される者等については，いずれかの国の年金制度に加入すればよく，年金受給に必要な資格期間については両国の年金加入期間が通算できることとなった。

5） 1999（平成11）年改正の概要

2000（平成12）年3月28日，年金改革関連法が成立した。今回の改正は，現役世代の保険料を過剰なものとせず，給付の伸びを調整することがその柱となっている。また，年金改革の3本柱である年金事業の運営の安定を図るための「年金資金運用基本法」および「年金福祉事業団の解散及び業務の承継等に関する法律」も成立したが，ここでは，国民年金法および厚生年金保険法の改正（「国民年金法等の一部を改正する法律」）について，その概要を実施時期にあわせて紹介しておきたい。

(1) 2000（平成12）年4月1日実施

①学生の国民年金保険料の納付特例制度の導入

　学生は，1991（平成3）年4月より強制加入となり，親元の所得の高低によって，保険料を免除するかしないかが判断される仕組みとなっていたが，今回の改正によって，免除基準を親元の所得から本人の所得に改め，より学生が国民年金に加入しやすくなるよう配慮されることになった。

　国民年金保険料は，1998（平成10）年度以降1ヵ月当たり1万3,300円で凍結されているが，この保険料の納付を20歳以上の第1号被保険者である学生に対して，学生本人の前年の所得が一定額（原則68万円）以下の場合，在学中は免除し，卒業後，免除を受けた月から10年以内に納付（追納）すれば良いという制度となった。ただし，保険料を免除された期間について追納するしないは自由だが，保険料を追納しない場合，老齢基礎年金およ

び寡婦年金の額に反映されない。ここが，他の免除制度と異なるところである。

この仕組みは，これから20歳になる学生だけでなく，従前の仕組みにより免除を受けている学生も，2000（平成12）年4月より，新たな仕組みによる免除制度への切替えが図られる。

なお，今回の改革法が施行日前ぎりぎりのところで成立したため，最初の免除申請に余裕を持たせ，2000（平成12）年7月31日までに申請すれば，最初の月（同年4月）分の保険料から免除を受けることができることになっている。

国民年金保険料納付特例によって免除を受けた期間に初診日のある障害者については，将来保険料を追納するしないにかかわらず障害基礎年金が支給される。そして，学生納付特例制度による保険料免除期間とその他の保険料免除期間がある場合の保険料の追納は，学生納付特例制度による保険料免除期間分の追納が優先されることになった。

② 年金額

国民年金の額は，80万4200円（1999年価格）。厚生年金（報酬比例部分）の額の算定に用いる納付乗率7.5/1000を7.125/1000とする（給付水準の5%適正化）。ただし，従来の年金額を物価スライドした額は保証する。

③ 裁定後の基礎年金・厚生年金については物価のみで改定

基礎年金・厚生年金の額について，65歳以降は，賃金スライド等を行わない（物価上昇率で改定）。

④ 育児休業期間中の厚生年金保険料の事業主負担の免除

育児休業期間中の保険料は，これまで被保険者負担分のみ免除されていたが，2000（平成12）年4月から，事業主の申請により，被保険者と事業主の両方の保険料（児童手当拠出金を含む）徴収が行われないことになった。この特例措置は，現に育児休業を行っていて，被保険者負担分が免除されている人にも2000（平成12）年4月以降の保険料について事業主負担

分が自動的に徴収されないことになった。また，育児休業期間中に支払われた賞与に係る特別保険料は労使とも免除されなかったが，4月以降，特別保険料も合わせて徴収されないことになった。

　なお，健康保険料については，現在のところ被保険者負担分のみが免除の対象となっている。

(2) 2000（平成12）年10月実施

　厚生年金保険の保険料率は，一般被保険者の場合17.35％（坑内員・船員は19.15％）で凍結されているが，この度の改正で，保険料賦課の基準となる標準報酬月額の等級が改定され，第1級9万2,000円〜第30級59万円が，第1級9万8,000〜第30級62万円となり，2000（平成12）年10月から実施されることになった。

(3) 2002（平成14）年4月1日実施

①国民年金保険料の半額免除制度の創設

　第1号被保険者の国民年金保険料は，低所得者にとって保険料を全額納付するか，保険料の全額免除を受けるかの2つの選択しかなかったが，今回の改正では，これらの人にとって無理をしないで保険料を納めることのできる半額免除制度が導入した。保険料の半額免除を受けるためには，前年の所得が扶養親族等の有無および数によって一定額以下でなければならないなどの条件を満たしている者の申請によって行われる。

　この半額免除の制度は，学生を対象とせず，また，半額免除の適用を受けている期間中に残りの半額保険料を納付しないときは，保険料滞納としての扱いが取られることになる。保険料の追納は，従来からの法定免除や申請免除，学生納付特例制度による免除同様免除を受けた月から10年以内に行うことができるが，追納は，保険料の半額を納付した期間に限られ，滞納した期間については，追納ができないことになっている。また，付加保険料は，半額免除の適用を受けた期間については納付することはできない。

保険料半額免除期間に係る老齢基礎年金の額は，その期間を2/3として計算されることになる。

②老齢基礎年金

年金額の原則的計算式は，保険料半額免除制度が導入された関係で，次のようになる。

$$804{,}200円 \times \frac{保険料納付済期間の月数 + 保険料半額免除期間の月数 \times \frac{2}{3} + 保険料全額免除期間（学生納付特例制度によるものを除く）の月数 \times \frac{1}{3}}{480月}$$

なお，保険料納付済期間の月数と保険料半額免除期間の月数を合わせた月数が480月を超えた場合，480月を限度として超えた部分の半額免除期間の月数については1/3として計算するなど，細かい規定が盛り込まれている。

③保険料半額免除制度の導入により，影響を及ぼすその他の給付

「寡婦年金」——保険料納付済期間，保険料全額免除期間（学生納付特例制度を除く）のほかに，保険料半額免除期間もその対象となる。

「死亡一時金，脱退一時金」——保険料半額免除期間を有する人が死亡した場合，その期間を1/2として支給要件を見ることとされ，死亡一時金の受給に必要な保険料納付済期間の年数が月数に改められた。また，脱退一時金も同様に，同期間の1/2が給付に反映されることになっている。

④国民年金の第2号被保険者資格の特例

厚生年金保険の被保険者資格が65歳未満から70歳未満に延長（次の⑤参照）されたことに伴い，65歳の時点で老齢基礎年金の受給権を有する者に

については，65歳以降の厚生年金保険の被保険者を国民年金の第2号被保険者としないこととされた。これによって，65歳以降，厚生年金保険の被保険者であっても，老齢基礎年金は支給されることになる。

65歳の時点で老齢基礎年金の受給資格期間を満たしていない者は，65歳以降の厚生年金保険の被保険者期間について，その資格を満たすまで第2号被保険者とされる。

⑤ 70歳未満の人を被保険者に

適用事業所に使用される70歳未満の人を厚生年金保険の被保険者にすることとされた。これによって，2002（平成14）年4月1日以降，適用事業所に使用される65歳以上70歳未満の人は，厚生年金保険の保険料が徴収され，65歳以上70歳未満の高齢任意加入被保険者や，適用事業所に使用される第4種被保険者も，当然，被保険者としての資格を取得することとなった。

高齢任意加入被保険者の制度は，70歳の時点で老齢基礎年金の受給権を有しない者に適用されることになる。

⑥ 60歳代後半の在職老齢年金制度の導入

65歳以上の老齢厚生年金の受給権が厚生年金保険の被保険者である間において，標準報酬月額と，老齢厚生年金の年金月額の合計が37万円を超えるときは，超える部分の1/2の額が支給停止されることになった。

たとえば，標準報酬月額が30万円，年金月額が10万円の場合，

$$(30万円＋10万円－37万円) \times \frac{1}{2} = 1万5,000円$$

が支給停止され，したがって10万円－1万5,000円＝8万5,000円が報酬比例部分の年金月額となる。

なお，老齢基礎年金は，全額支給される。ただし，この制度が適用されるのは，2002（平成14）年4月1日以降，老齢厚生年金の受給権を取得した者（昭和12年4月2日以後生まれた者）に限られる。

⑦支給繰下げ制度の廃止

　厚生年金保険の被保険者資格が70歳になるまでに延長されたことに伴い，老齢厚生年金の支給繰下げ制度が廃止される。

　老齢厚生年金の支給繰下げができなくなるのは，2002（平成14）年4月1日以降，老齢厚生年金の受給権を取得した者（昭和12年4月2日以後生まれた者）である。したがって，これらの者が支給繰下げを希望するときは，老齢基礎年金と老齢厚生年金について同時に繰下げの申し出をすることができなくなり，老齢基礎年金のみ支給繰下げの申し出を行うことになる。

⑧老齢厚生年金（報酬比例部分）の支給開始年齢の引上げ（2013年度から実施）

　前回の改正では，60～65歳の間に支給される特別支給の老齢厚生年金を，生年月日によって段階的に引上げ，60歳からは報酬比例部分相当の老齢厚生年金のみが支給される仕組みとなっていたが，今回の改正で，報酬比例部分相当の老齢厚生年金を2013（平成25）年度から2025（平成37）年度にかけて（女子は5年遅れ），60から65歳へ段階的に引上げていく仕組みが導入され，最終的に65歳支給開始へと移行することになる。対象となるのは，1953（昭和28）年4月2日以後生まれの男子と，1958（昭和33）年4月2日以後生まれの女子である。

　今までの制度では，60歳から何らかの年金が受け取れることになっていたが，今後は65歳になるまで受け取れなくなることから，60歳からでも年金が受け取れるよう，老齢厚生年金の支給繰上げの制度が新たに導入された。なお，老齢厚生年金の支給繰上げは，老齢基礎年金の支給繰上げとあわせて行うこととされ，老齢厚生年金の支給開始が65歳になる途中に該当する者の支給繰上げには，65歳になるまでの老齢厚生年金と老齢基礎年金の一部をあわせて繰り上げる制度も導入されている。

(4) 2003（平成15）年4月1日実施

①ボーナスを含む総報酬制の導入

2003（平成15）年4月より，標準報酬月額と賞与について，同一保険料率により，保険料が徴収されることになった。これに伴って，特別保険料制度が廃止され，2003（平成15）年4月以降の厚生年金保険の被保険者期間に係る年金の額は，賞与を含めた額で計算されることになる。

　保険料率は，現行17.35％のところ，2003（平成15）年4月より，13.58％（事業主と折半）とされ，標準報酬月額と標準賞与額（賞与について，1回当たり150万円（1,000円未満切捨て，「標準賞与額」という）を上限とする）に対して同じ率でもって保険料が徴収される。なぜ，保険料率を下げたかというと，賞与に通常の保険料率を適用するのは，保険料の増収を図ることではなく，「賞与に係る保険料を含めて，従来の総収入と変わらないようにするため」というのがその理由である。

②標準報酬月額の定時決定月の変更

　毎年5月，6月，7月に支払われた給料の総額を平均し，その年の10月以降の被保険者の標準報酬月額を決定する「定時決定」が，2003（平成15）年度より1ヵ月早まり，4月，5月，6月に支払われた給与の総額を平均し，その年の9月以降の標準報酬月額とすることとされた。

(5) 2004（平成16）年4月1日実施

総報酬制の導入により，在職老齢年金の支給停止基準が変わる。

①60歳代前半の在職老齢年金

　現行では，標準報酬月額と，基本月額（年金額の80％を12で割ったもの）合計が22万円以下の場合，老齢厚生年金の20％が支給停止されるが，総報酬制の導入により，標準報酬月額を，総報酬月額相当額（標準報酬月額とその月以前の1年間の標準賞与額の総額を12で割ったものを合計した額）に改め，総報酬月額相当額と基本月額の合計が28万円以下であるとき，20％の支給停止が行われるようになる。

　総報酬月額相当額と，基本月額の合計が28万円を超えるときは，超える部分の1/2がさらに支給停止され，総報酬月額相当額が48万円（現行は標

準報酬月額が37万円)を超えるときは,総報酬月額相当額が増加した分だけ年金が支給停止される。また,基本月額が28万円を超え,総報酬月額相当額が48万円以下のときは総報酬月額相当額の1/2が支給停止される。
②60歳代後半の在職老齢年金

支給停止基準の37万円が,総報酬制の導入により48万円に変わる。総報酬月額相当額と老齢厚生年金の年金月額の合計が48万円を超えるときは,超える部分の1/2の額が年金額から支給停止される。
(6) その他
①厚生年金基金の主な改正点

資産運用や事業運営の規制が緩和された。また,基金の設立事業所の事業主が保有する上場株式を一定の条件の下に,基金の掛金として拠出することができるようになった。

なお,厚生年金保険料率の凍結に関連して,免除保険料も凍結されている。
②国庫負担について

現在の基礎年金の給付に要する費用のうち,その1/3が国庫負担となっているが,今後の保険料高騰を軽減するために,給付水準および財政方式を含めてそのあり方を幅広く検討し,当面2004(平成16)年までの間に,安定した財源を確保し,1/2への引上げを図るものとされている。そしてこの引上げと同時に,現在凍結されている保険料の凍結解除を行う方針である。
③今後の賃金再評価について

今回の改正では,原則として賃金スライドが廃止された。そこで,今後賃金スライドを行った場合の年金額と行わない場合を比較し,その格差が過大(具体的には20％超)にならないよう,必要に応じて賃金再評価を行うこととされている。
④老齢基礎年金の支給繰上げ減額率の改善(政令の改正)

老齢基礎年金の支給繰上げを60歳から行う場合の減額率は，現行では42％となっているが，平均寿命の延びなどから，2001（平成13）年度より30％に緩め，1年単位となっている減額率を月単位に改める方針である。改正後の減税率は，0.5％×繰り上げた月数で算出される。対象となるのは，1941（昭和16）年4月2日以後生まれた者である。

第2節　国民年金

　国民年金制度は，日本国憲法第25条2項に規定する理念に基づき，老齢・障害または死亡によって国民生活の安定がそこなわれることを国民の共同連帯によって防止し，もって健全な国民生活の維持および向上に寄与することを目的としている（法1条）。この目的を達成するため，国民の老齢，障害または死亡に関して必要な給付を行う。

1．国民年金の仕組み

1）　保険者

(1)　管　掌

　国民年金事業は，政府が管掌する（法3条）。管掌とは，保険者となることを意味している。この事業に係る行政機関の総括者は社会保険庁長官であるが，この事業を実際に運営していくための事務の一部については，1999（平成11）年7月に公布された「地方分権の推進を図るための関係法律の整備等に関する法律」により，機関委任制度が廃止され，従来のように機関委任制度として都道府県知事および市町村長（特別区の区長を含む。以下同じ）に事務の一部を行わせることができなくなり，事務組織の大きな改編が行われることとなった。

　具体的には，2000（平成12）年4月1日からは，社会保険庁長官の，保険者としての事務の権限は，政令に定めるところにより都道府県ごとに置かれた地方社会保険事務局長に委任することができ，地方社会保険事務局長は，その権限の全部又は一部を，政令の定めるところにより社会保険事務所長に委任することができるとされた。

また，政令の定めるところにより，共済組合，国家公務員共済組合連合会，地方公務員共済組合連合会，日本私立学校振興・共済事業団に事務の一部を行わせることができるとされ，さらに，市町村長に対しては，従来のような機関委任制度としてではなく，事務の区分（法第5条の3）の規定による法定受託事務としてこの事業に係る事務の一部を行わせることができることとされた。

　なお，厚生大臣または社会保険庁長官は，国民年金事業の運営に関してはその大綱につき，あらかじめ年金審議会に諮問するものとする（法6条）。

(2) 裁　定

　国民年金の給付を受ける権利は，請求行為を権利発生の要件とする請求年金を除き，その支給要件を満たしたとき，当然，発生する。

　国民年金の給付を受ける権利は，その権利を有する者（受給権者）からの受給権存在確認の請求（いわゆる裁定請求）に基づいて社会保険庁長官が裁定する（法16条）。

(3) 国民年金手帳，国民年金原簿および基礎年金番号

　社会保険庁長官は，市町村長から被保険者の資格を取得した旨の報告を受けたときは，国民年金手帳を作成し，市町村長を経由して，その者に交付する（法13条1項）。

　ただし，その被保険者がすでに国民年金手帳の交付を受け，これを所持している場合であって，その国民年金手帳に国民年金印紙をはりつけるべき余白があるときは，改めて交付する必要はない。

2）．被保険者

　国民年金の被保険者とは，国民年金制度の対象者となるもので，被保険者の範囲は法定化され，その範囲に該当すれば，本人の意思に関係なく，すべて強制加入となる。この者は強制加入被保険者として扱われることになる。ただし，一定の条件に該当する者には，その適用が除外される。しかし，国民年金制度では適用除外となった者でも，本人の申し出により任意加入被保険者として加入できる制度を付随的に設けている。

(1) 強制加入被保険者

強制加入被保険者は，その者に対する給付および届出や保険料負担の違いにより，次の3つの類型に区分される（法7条）。

①第1号被保険者

日本国内に住所を有する，20歳以上60歳未満の者（日本国籍の有無は問わない）であって，第2号被保険者または第3号被保険者のいずれにも該当しない者をいう。

第1号被保険者は，国内居住および年齢の2要件を満たすことが必要である。第1号被保険者に該当する者は，自営業者，農業者，昼間部学生等である。なお，大学の昼間部学生であっても，20歳以上60歳未満で，かつ，第2号被保険者の被扶養配偶者と認められれば，第3号被保険者となる。

②第2号被保険者

被用者年金各法の被保険者または組合員もしくは加入者をいう。第2号被保険者は，第1号被保険者と年齢要件（65歳未満）が異なる。このため，厚生年金保険の被保険者または共済組合の組合員もしくは私立学校教職員共済制度の加入者は，20歳未満の者および60歳以上の者であっても国民年金の強制加入被保険者となる。

また，第2号被保険者については国内居住の要件もないので，厚生年金保険の被保険者および共済組合の組合員もしくは私立学校教職員共済制度の加入者は，日本国外に居住する者であっても，国民年金の強制加入被保険者となる。

③第3号被保険者

第2号被保険者の配偶者つまり専業主婦（主夫）のことである。第3号被保険者になる者は主として第2号被保険者の収入によって生計を維持される配偶者（被扶養配偶者）のうち，20歳以上60歳未満の者である。

被扶養配偶者の認定は，健康保険法（農林漁業団体職員共済組合の組合員の医療給付は，健康保険法から支給される），国家公務員共済組合法，

地方公務員等共済組合法および私立学校教職員共済法における被扶養者とされる認定基準（原則として年収130万円未満の被扶養配偶者）を勘案して，厚生大臣の定めるところにより，社会保険庁長官が行う。

　第3号被保険者については年齢要件はあるが，国内居住要件はない。ただし，第2号被保険者の配偶者であっても，第3号被保険者の要件に該当しない場合（たとえば，配偶者自身が自営業者であって相当の収入があるとき）は，第1号被保険者となる。なお，任意加入被保険者になれる場合であっても，20歳以上60歳未満の間は，第3号被保険者の資格が優先適用される。

(2) 適用除外者

　適用除外者とは，20歳以上60歳未満の者で，第1号被保険者の資格要件（居住および年齢の要件）に該当しても，強制加入被保険者となることができない者をいう。適用除外者には，次の2種類がある。

① 厚生年金保険・共済組合等（私立学校教職員共済制度を含む）の老齢・退職給付の受給権者である。

　第2号被保険者および第3号被保険者以外の者であって，厚生年金保険・共済組合等の老齢・退職給付の受給権者は，適用除外者となる（法7条1項1号カッコ書）。

　60歳未満で老齢・退職給付の受給権者となるのは次の者である。なお，老齢または退職を支給事由とする年金の受給権を有する65歳以上の者は，第2号被保険者とはならない。

ア）老齢厚生年金では，第2種被保険者である女性（昭和15年4月1日以前に生まれた者に限る）および第3種被保険者である坑内員・船員（昭和60年改正法附則58条1項・平成6年改正法附則15条）。

イ）退職共済年金については，1936（昭和11）年7月1日以前に生まれた者。

②外国法令適用者

強制加入被保険者の資格に該当した者でも，国民年金法による年金給付に相当する給付を行うことを目的とする外国の法令の適用を受けるものであって，政令で定める者（附則4条1項）。

(3) 任意加入被保険者

次のいずれかに該当する者は，社会保険庁長官に申し出て，任意加入被保険者となることができる（附則5条）。ただし，第2号被保険者および第3号被保険者は除かれる。

① 日本国内に住所を有する20歳以上60歳未満の者であって，被用者年金各法に基づく老齢給付等を受けることができる者（適用除外者）
② 日本国内に住所を有する60歳以上65歳未満の者（被保険者であった者）
③ 日本国籍を有する者であって，日本国内に住所を有しない20歳以上65歳未満の者

任意加入被保険者は，原則として，第1号被保険者と同様に取り扱われ，任意加入被保険者としての被保険者期間は，第1号被保険者であった期間とみなされる。保険料の免除（法定免除・申請免除）の規定の適用はなく，また，国民年金基金の加入員となることができない点が強制加入被保険者である第1号被保険者と異なる。

任意加入被保険者（附則5条）は，65歳に達した日にその資格を喪失するが，その際，老齢基礎年金の支給要件を満たしていないときは，平成6年の国民年金法の改正により，1993（平成7）年4月1日から65歳以上70歳未満の者も任意加入（特例の任意加入被保険者）できることとなった。これは，65歳に達したときに老齢基礎年金の受給資格期間を満たすことができなかった者に老齢基礎年金の受給資格期間を満たす途を開き，老齢・退職給付の受給権を与えようとする趣旨から設けられた特例である。

特例の任意加入被保険者の要件は，1955（昭和30）年4月1日以前に生まれた者で，かつ，老齢基礎年金・老齢厚生年金その他の老齢・退職を支給事由と

する年金たる給付の受給権を有しない場合で，次のいずれかに該当する者である。適用除外者であって任意加入被保険者となっていた者は，この適用は受けられない。

　ア）日本国内に住所を有する65歳以上70歳未満の者。

　イ）日本国籍を有する者であって，日本国内に住所を有しない65歳以上70歳未満の者。

　なお，特例の任意加入被保険者となった場合は，①付加保険料は納付することはできない，②その者の死亡について，寡婦年金は支給されない，③保険料の法定免除および申請免除の規定は適用されない，④国民年金基金に加入できない。

(4) 被保険者資格の取得・喪失の時期

　① 強制加入被保険者資格の取得・喪失の時期

　　　強制加入被保険者は，本人の意思に関係なく，法定要件に該当した場合は，被保険者の資格を取得・喪失する。

　　ア）資格取得の時期……強制加入被保険者の資格の取得日は，法定の事実が発生した日である（法8条1号～5号）。いずれの場合も取得日はその資格取得の事実が発生した日である。したがって，資格取得日が当該事実の翌日となることはない（図表1-2）。

　　イ）資格喪失の時期……強制加入被保険者がその資格を喪失することとなる事由は，6つの場合がある（法9条）。資格喪失する日は，その事由により該当した日またはその翌日である。（図表1-3）。

　② 任意加入被保険者資格の取得・喪失の時期

　　ア）資格取得の時期

　　　(a) 社会保険庁長官に加入の申し出をした者は，その申し出をした日

　　　(b) 第1号被保険者が適用除外に該当するに至った場合において，該当日以降の保険料を納付していたときは，その該当した日

　　イ）資格喪失の時期

図表1-2　強制加入被保険者資格取得の時期

資格取得事由	取得する被保険者の種別	資格取得日
① 20歳に到達したとき	第1号被保険者	20歳に達した日（20歳の誕生日の前日）
② 国内居住するに至ったとき	第1号被保険者	外国に住んでいた者が帰国し，国内に住所を有した日
③ 被用者年金各法の老齢・退職年金の受給権を喪失したとき	第1号被保険者	受給権者でなくなった日
④ 被用者年金各法の被保険者または組合員資格もしくは加入者資格を取得したとき	第2号被保険者	資格取得した日（20歳未満・60歳以上で取得した日を含む）
⑤ 被扶養配偶者となったとき	第3号被保険者	第2号被保険者の被扶養者に該当した日

図表1-3　強制加入被保険者資格喪失の時期

資格喪失事由	被保険者 1号	被保険者 2号	被保険者 3号	資格喪失日
① 死亡したとき	○	○	○	死亡日の翌日
② 国内非居住となったとき	○	×	×	日本国内に住所を有しなくなった日の翌日
③ 60歳に到達したとき	○	×	○	60歳に達した日（60歳の誕生日の前日）
④ 被用者年金各法の老齢・退職年金の受給権を取得したとき	○	×	×	被用者年金各法の老齢・退職年金の受給権者となった日
⑤ 被用者年金各法の被保険者，組合員もしくは加入者資格を喪失したとき	×	○	×	被用者年金各法の被保険者，組合員加入者の資格喪失日
⑥ 被扶養配偶者でなくなったとき	×	×	○	被扶養配偶者でなくなった日の翌日

(注) 1. 被保険者の資格喪失事由が生じた日に第2号被保険者または第3号被保険者として強制加入被保険者の資格を取得したときは，資格喪失は翌日ではなく，その事由が生じた日となる。
2. 喪失後20歳以上60歳未満の者が引き続き第1号被保険者，第2号被保険者または第3号被保険者に該当するときは，被保険者の資格は喪失せず，被保険者の種別の変更が生ずる場合がある。

(a) 本人の意思による場合

任意加入被保険者の資格喪失の申し出が受理された日
(b) 法定の資格喪失事由に該当した場合
  (i) 死亡した日の翌日
  (ii) 被用者年金各法の被保険者または組合員の資格を取得した日
  (iii) 任意加入被保険者の加入の要件に該当しなくなった日の翌日。ただし，資格喪失事由が生じた日にさらに強制加入被保険者の資格を取得したときは，その事由が生じた日
  (iv) 保険料を滞納し，督促状の指定期限までに納付しなかった場合は，指定期限の翌日
  (v) 日本国内に住所を有しないが，日本国籍を有する20歳以上65歳未満の者であるため任意加入被保険者に該当する者の場合には，保険料滞納期間が2年を経過したときは，その日の翌日

③ 特例の任意加入被保険者資格の取得・喪失の時期

　ア）資格取得の時期

　　(a) 特例の任意加入被保険者に該当する者は，社会保険庁長官に加入の申し出をした日に任意加入被保険者の資格を取得する。
　　(b) 任意加入被保険者は，65歳を達した日にその資格を喪失するが，任意加入被保険者が（昭和30年4月1日生まれた者に限る）65歳に達した日において，特例の任意加入被保険者に規定する老齢・退職給付の受給権を有しないときは，任意加入の申し出があったものとみなされ，65歳に達した日にその資格を取得する。

　イ）資格喪失の時期

　　65歳以上70歳未満の特例の任意加入被保険者に特有の喪失事由として，次の2つがあるが，それ以外の喪失事由およびその時期（65歳喪失を除く）については，附則第5条の任意加入被保険者と同様である。

　　(a) 老齢・退職を支給事由とする年金たる給付の受給権を取得したとき

　　　　は，その日の翌日
　　（b）70歳に達したときは，その日
(5) **任意脱退**

　任意脱退は，本人の意思により，第1号被保険者がその資格を喪失することができる国民年金制度独自の制度である。

　被保険者でなかった者が第1号被保険者となった場合または第2号被保険者もしくは第3号被保険者が第1号被保険者となった場合において，60歳に達するまでに被保険者期間（保険料滞納期間を含む）と合算対象期間を合算したものが原則25年に達せず，老齢基礎年金の受給資格期間を満たしえないときは，いつでも社会保険庁長官の承認を受けて被保険者の資格を喪失することができる（法10条1項，附則7条，昭和60年法第34号附則7条）。

　任意脱退の時期は，原則として，社会保険庁長官の承認を受けた日の翌日であるが，次の特例がある（法10条2項）。

① 被保険者でなかった者が第1号被保険者となった場合であって，任意脱退の承認の申請が，その者が被保険者の資格を取得した日から起算して3月以内になされたものであるときは，第1号被保険者となった日にさかのぼって被保険者とならなかったものとみなされる。

② 第2号被保険者または第3号被保険者が第1号被保険者となった場合であって，任意脱退の承認の申請が，その者が被保険者の資格を取得した日から起算して3月以内になされたものであるときは，その者は，当該第1号被保険者となった日にさかのぼって被保険者とならなかったものとみなされる。

3）**被保険者期間**

　被保険者期間は，被保険者の資格取得から資格喪失までの間の期間をいい，保険料の徴収および年金給付の受給資格要件およびその額の算定等に重要な関係をもっている。

(1) 被保険者期間計算の通則

年金の被保険者期間は，次の方法により計算する（法11条）。
① 被保険者期間は，月の単位（暦月）として計算する。
② 被保険者期間には，被保険者の資格を取得した日の属する月からその資格を喪失した日の属する月の前月までが算入される。
③ 被保険者の資格を取得した日の属する月に，さらにその資格を喪失したときは，その月を1月として被保険者期間に算入する。これを同月得喪という。その月にさらに被保険者の資格を取得したときも，2月として被保険者期間を計算せず，その月は1月として被保険者期間に算入する。
④ 被保険者資格を喪失した後，さらにその資格を取得した者については，前後の被保険者期間を合算する。被保険者期間が断続していても，合算される。
⑤ 被保険者の種別に変更があった月は，変更後の被保険者であった月とみなされる（法11条の2）。つまり，同一月において2回以上にわたり被保険者の種別に変更があったときは，その月は最後の種別の被保険者であった月とみなされる。

(2) 被保険者期間および合算対象期間
　① 被保険者期間の原則
　　　国民年金の被保険者期間とは，次の3つの期間をいう（法5条2項，3項）。
　　ア）保険料納付済期間
　　　(a) 第1号被保険者としての被保険者期間のうち，保険料を納付した期間（滞納処分により，保険料が徴収された期間を含む）
　　　(b) 第2号被保険者としての被保険者期間
　　　(c) 第3号被保険者としての被保険者期間
　　イ）保険料免除期間
　　　第1号被保険者としての被保険者期間のうち，法定免除または申請免除の規定により，保険料の納付を免除された期間
　　ウ）保険料滞納期間（未納期間を含む）

第1号被保険者としての被保険者期間のうち，保険料を納付しなかった期間（第1号被保険者としての被保険者期間のうち，保険料納付済期間および保険料免除期間を除いた期間）

② 被保険者期間の特例

　第2号被保険者としての被保険者期間および第3号被保険者としての被保険者期間は，すべて保険料納付済期間に算入することが原則であるが，次に掲げる被保険者期間については，例外規定が設けられている。

　ア）第2号被保険者としての被保険者期間

　　　第2号被保険者期間のうち，20歳未満および60歳以上の期間については，保険料納付済期間に算入せず，合算対象期間とする（昭和60年改正法附則8条4項）。

　イ）厚生年金保険の保険料を徴収する権利が時効により消滅した期間

　　　厚生年金保険の被保険者期間につき，厚生年金保険法の保険料を徴収する権利が時効により消滅したときは，当該保険料に係る厚生年金保険の被保険者期間の期間の計算の基礎となった月に係る第2号被保険者としての被保険者期間およびその者の配偶者の第3号被保険者としての被保険者期間については，保険料納付済期間に算入されない（附則7条の2，1項）。

　ウ）第3号被保険者に関する届出が遅れた場合

　　　第3号被保険者に関する資格取得，被保険者種別の変更および第3号被保険者の配偶者が所属する年金制度の変更に係る届出が遅れると，当該届出に係る第3号被保険者としての被保険者期間のうち，届出が行われた月の前々月から起算して2年前の月より前の月に係る期間については，保険料納付済期間に算入されない（附則7条の3）。

③ 合算対象期間（カラ期間）

　老齢基礎年金の支給は，受給資格期間を満たしている必要がある。受給資格期間は，保険料納付済期間および保険料免除期間のほか，合算対象期間も

算入される（昭和60年改正法附則8条5項）。

　合算対象期間は，原則として，20歳以上60歳未満の国民年金の適用が除外されていた者が任意加入の要件に該当し，任意加入しなかった期間のことである。例外的に，保険料納付済期間であるが，20歳以上60歳未満の要件に該当しない期間も合算対象期間として取り扱われる（昭和60年改正法附則8条4項）。合算対象期間は，老齢基礎年金の受給要件である受給資格期間には算入されるが，老齢基礎年金の額の計算には算入されない。このため，一般にカラ期間と呼ばれるものである。

4) 年金額の改定

　国民年金法の年金額は，国民の生活水準その他の諸事情に著しい変動が生じた場合には，変動後の諸事情に応ずるため，速やかに改定の措置が講ぜられなければならない（法4条）。

　年金額の改定については，法第4条による政策改定（具体的には，5年ごとに行われる財政再計算）があるが，その他，1973（昭和48）年の法改正により導入された前年の全国消費者物価指数の上昇による物価スライド（平成元年改正により，完全自動物価スライド制を導入）による改定がある。

　国民年金の年金たる給付（付加年金を除く）について，総務庁において作成するその年の年平均の全国消費者物価指数が1994（平成6）年（その後にこの項による物価スライドによる改定が行われたときは，直近の物価スライドが行われた年の前年）の全国消費者物価指数を超え，または下るに至った場合においては，その上昇し，または低下した比率を基準として，その翌年の4月以降の当該年金たる給付の額を改定することとなっている。改定の措置については，政令で定められている（法16条の2）。ちなみに，1999（平成11）年の年平均の全国消費者物価指数が1998年に比べ0.3％の下落となったことから，本来であれば，2000年度においてはこれに応じた年金額の減額改定を行うこととなるが，今日の社会情勢から，特別措置として，1999年度と同額に据え置くこととされた。なお，法律上の年金額は，5年に1回ごとの財政再計算により改定される

こととなっているが，今回はこれによることなく据え置かれることとなり，1999（平成11）年度の価額が新たに法律上の額となったのである。

2．給　付
1）　老齢基礎年金

老齢基礎年金は，原則として，1986（昭和61）年4月1日において60歳未満の者（大正15年4月2日以降に生まれた者）が対象となり，その時点で60歳以上の者（大正15年4月1日以前に生まれた者）および60歳未満であっても旧年金制度の老齢・退職給付の受給権のある者には老齢基礎年金は支給されず，旧年金制度の老齢・退職給付の適用を受けることになる（昭和60年改正法附則31条）。

老齢基礎年金は，保険料納付済期間と保険料免除期間を合算した期間が原則として25年以上，かつ，65歳に達したとき支給する（法26条）。保険料納付済期間と保険料免除期間が合算して25年に満たない場合でも，合算対象期間を合算（受給資格期間）して25年以上ある場合には，支給される（法9条1項）。なお，受給資格期間が25年に満たない場合であっても，1930（昭和5）年4月1日以前に生まれた者，被用者年金制度の加入期間がある1956（昭和31）年4月1日以前に生まれた者および厚生年金保険の中高齢者については短縮の特例措

図表1-4　国民年金への加入可能年数

生年月日	加入可能年数	生年月日	加入可能年数
1926年4月2日〜	25年	1934年4月2日〜	33年
27年4月2日〜	26年	35年4月2日〜	34年
28年4月2日〜	27年	36年4月2日〜	35年
29年4月2日〜	28年	37年4月2日〜	36年
30年4月2日〜	29年	38年4月2日〜	37年
31年4月2日〜	30年	39年4月2日〜	38年
32年4月2日〜	31年	40年4月2日〜	39年
33年4月2日〜	32年	41年4月2日以後	40年

注）満20歳から60歳の誕生日までの年数（ただし1961年4月1日以降）

置がある。

　老齢基礎年金は，20歳から60歳に達するまでの40年間がすべて保険料納付済期間である場合には満額の年金を支給するが，保険料納付済期間が40年に満たない場合には，その足りない期間に応じて年金額を減額する。

　しかし，国民年金制度発足時（1961年4月1日）に20歳以上の者（1941年4月1日以前に生まれた者）は，60歳に達するまでに40年の保険料納付済期間を満たすことは不可能である。したがって，保険納付済期間が，生年月日に応じた加入可能年数（図表1-4）に達している場合には，満額の老齢基礎年金を支給する。ただし，保険料納付済期間の月数が480月（40年）に満たない場合，または加入可能月数に満たない場合には，次式によって計算された額が年金額となる（法27条，同改正法附則13）。

(年額2000年度)

$$804{,}200 \times \frac{（保険料納付済月数）＋（保険料免除月数）\times 1/3}{（加入可能年数）\times 12}$$

　老齢基礎年金の支給開始年齢は65歳である（法26条）。老齢基礎年金の受給権は受給資格期間を満たした者が65歳に達したときに発生し，65歳に達した月の翌月からその支給が開始される。

　老齢基礎年金の支給開始年齢は原則65歳であるが，本人の希望によって，繰上げ（減額）支給，繰下げ（増額）支給を選択することができる（法28条）。しかし，支給を繰上げした老齢基礎年金の額は，支給の繰上げを請求した時の年齢に応じて，図表1-5に定める減額率により減額した額となる（附則9条の2項・3項）。また，付加年金の額についても，この規定が準用され減額となる。

　繰上げ支給の老齢基礎年金と遺族厚生年金は併給調整の対象となり，受給権者が65歳に達するまでは，いずれかの年金を選択することになる（附則9条の2，7項）。また，繰上げ支給の老齢基礎年金の受給権者については，障害基

図表1-5　支給率

繰上げ支給		繰下げ支給	
60歳	58%	66歳	112%
61	65	67	126
62	72	68	143
63	80	69	164
64	89	70〜	188

注）65歳支給（100％）に対する比率

礎年金（65歳未満であることを要件とするもの）および寡婦年金は支給しない（附則9条2，4項）。寡婦年金の受給権は，その受給権者が繰上げ支給の老齢基礎年金の受給権を取得したとき，消滅する（法9条の2，5項）のである。なお，1946（昭和16）年4月1日以前に生まれた者で老齢基礎年金の繰上げ支給を受けた受給権者が，被用者年金各法の被保険者または組合員等となり第2号被保険者となったときは，その間，繰上げ支給の老齢基礎年金は，その全額が支給停止される（平成6年改正法附則7条2項）。

なお，老齢基礎年金の受給権は本人の死亡により消滅する（法29条）。

2）　障害基礎年金

障害基礎年金は，原則として，被保険者または60歳以上65歳未満の被保険者であった者が，障害認定日に政令で定める障害等級（1級，2級）に該当した場合に支給される（法30条）。障害基礎年金を受けるには，初診日の属する月の前々月までに，保険料納付済期間と保険料免除期間を合わせた期間が被保険者期間の2/3以上あることが必要である。ただし，初診日が2006（平成18）年4月1日前の場合は，直近1年間の保険料の滞納がなければ受給できる。また，20歳前の病気・けがで障害者になった場合も，20歳に達したときから支給される（この場合は本人の所得による制限がある）。さらに旧制度の障害福祉年金受給権者も，本人の所得制限を条件に障害基礎年金が支給される。

障害認定日において障害等級表に定める1級・2級に該当する障害の状態に

なかった者が，その後65歳になるまでの間にその障害が悪化し，障害等級表の1級または2級に該当するようになったときは，本人の請求により，その請求の翌月分から障害基礎年金が支給される（法30条の2）。これを「事後重症制度」という。また障害認定日において障害等級表に定める1級・2級に該当する障害の状態になかった者が，その後，さらに別の傷病（基準傷病）にかかり，基準傷病の障害認定日以後65歳に達する日の前日までの間に先発の障害と基準傷病による障害とを併合して初めて障害等級に該当する程度の障害の状態（基準障害）になったときは，その者に基準障害に係る障害基礎年金を支給する。この基準障害による障害基礎年金の支給は，年金の支払期間（法18条1項）にかかわらず，請求のあった月の翌月から始める（法30条の3，3項）。

　障害基礎年金の定額で，2級障害が老齢基礎年金と同額（80万4,200円），1級障害が2級の1.25倍の額である。障害基礎年金が受けられるようになった当時，その者によって生計を維持していたその者の子（18歳に達する日以後の最初の3月31日までの間にある子および20歳未満であって障害等級に該当する障害の状態にある子に限る）があるときは，さらに法定額が加算される（法34条の2）。

　障害基礎年金の受給権者に対し，さらに障害基礎年金を支給すべき事由が生じたときは，前後の障害を併合した障害の程度（併合認定）による障害基礎年金を支給する（法30条1項）。この場合，従前の障害基礎年金の受給権は，消滅する。なお，初診日において第2号被保険者であった者が，20歳未満で障害になった場合においては，障害基礎年金（法30条1項）の受給権が発生し，かつ，その者が20歳に達したときに，20歳前障害の障害基礎年金（法30条の4）の発生することとなるから，この2つの障害基礎年金を併合した新たな障害基礎年金の受給権が発生することとなる。ただし，従前の障害基礎年金が期間を定めて支給が停止されているときは，その停止期間中は，併合認定後の障害基礎年金の支給を停止し，その間は，後発の障害に基づく障害基礎年金のみを支給する（法31条1項）。後発の障害について，支給される障害基礎年金が期間を定め

て支給停止される場合には，その期間中は，従前の障害基礎年金を失権させず，引き続き支給する（法31条2項）。

社会保険庁長官は，障害基礎年金の受給権者について，その障害の程度を診査し，その程度が従前の障害等級に該当すると認めるときは，障害基礎年金の額を改定することができ（法34条1項），障害基礎年金の額が改定されたときは，改定後の額による障害基礎年金の支給は，改定が行われた日の属する月の翌月から始める（法34条6項）。なお，受給権者は，社会保険庁長官に対し，障害の程度が増進したことによる障害基礎年金の額の改定を請求することができる（同条2項）が，この請求は，障害基礎年金の受給権を取得した日または社会保険庁長官の診査を受けた日から起算して1年を経過した日後でなければ行うことができない（同条3項）。

障害基礎年金の受給権は，併合認定の規定によって消滅するほか，①受給権者が死亡したとき，②厚生年金保険の障害等級3級に該当しなくなった者が65歳に達したとき（ただし，65歳に達した日において，受給権者が障害等級の3級の障害に該当する程度の障害に該当しなくなった日から起算して，障害等級3級に該当する程度の障害の状態に該当することなく3年を経過していないときを除く），③厚生年金保険の障害等級3級に該当しなくなった日から起算して，障害等級3級に該当する障害の状態に該当することなく3年を経過したとき（ただし，3年を経過した日において，受給権者が65歳未満であるときを除く）のいずれかに該当するときは消滅する（失権，法35条）。

障害基礎年金の受給権者が，同一の傷病について，労働基準法第77条の規定による障害補償を受けることができるときは，6年間，その支給を停止する（法36条1項）。また，受給権者が，障害等級1・2級の障害の状態に該当しなくなったときは，その障害の状態に該当しない間，その支給を停止する。

20歳前の障害に基づく障害基礎年金は，以上の事由のほか，20歳前の障害に係る障害基礎年金特有の支給停止事由がある（法36条の2～4）。すなわち，①恩給法に基づく年金たる給付，労働者災害補償保険法の規定による保険給

付その他政令で定める年金給付を受けることができるとき。ただし，その給付が労働基準法によるもの以外の事由により全額支給停止されているときは，この限りでない。②監獄等の施設に拘禁されているとき，③少年院等の施設に収容されているとき，④日本国内に住所を有しないとき，などである。また，受給権者の前年の所得が，その者の所得税法に規定する控除対象配偶者および扶養親族の有無および数に応じて，政令で定める額を超えるときは，その全部または1/2に相当する部分の支給を停止する。ただし，震災，風水害，火災その他これらに類する災害により，自己または扶養親族等の所有する住宅等の財産につきその価格の1/2以上の損害を受けたときは，その支給停止は，行わない（法36条の4）。

3）**遺族基礎年金**

遺族基礎年金は，国民年金の被保険者・老齢基礎年金の受給権者等が死亡した場合に，その遺族の生活の安定を図るために，子のある妻（有子の妻）または，子に支給される（法37条）。ただし，障害基礎年金と同様の資格期間の定めがある。妻については，被保険者または被保険者であった者の死亡の当時その者によって生計を維持し，かつ，遺族基礎年金を受けることができる子と生計を同じくしていること，子については，18歳に達する日以後の最初の3月31日までの間にあるか，または，20歳未満であって障害等級1・2級の障害の状態にあり，かつ，現に婚姻していないことが要件である。被保険者または被保険者であった者の死亡の当時胎児であった子が生まれたときは，将来に向かって，その子は，被保険者または被保険者であった者の死亡の当時その者によって生計を維持していたものとみなし，妻はその者の死亡当時その子と生計を同じくしていたものとみなされ，その子は生まれた日に遺族基礎年金の受給権を取得し，生まれた日の属する月の翌月から遺族基礎年金の支給が受けられる。なお，被保険者または被保険者であった者に生計維持されていた場合とは，死亡した者と生計を同じくしており，厚生大臣の定める金額（年収850万円）以上の収入を将来にわたって得られない場合をいう（国年令6条の4）。

遺族基礎年金の額は定額で，妻に支給するときは基本額に，生計を同一にする子の法定額が加算される。なお，子のある妻が受ける場合とは，両親がそろっている家庭で，夫が亡くなり母子家庭になったときをいう。したがって，自営業者の妻やサラリーマンの妻が亡くなり，父子家庭になっても夫や子に遺族基礎年金は支給されない。自営業者の妻が死亡した場合，支給されるのは死亡一時金である。子が受ける場合とは，父子家庭または母子家庭で，父親または母親が亡くなり，子だけになったときで，子が1人のときは基本額が支給され，子が2人以上いるときは基本額に法定の加算額を加えた額である（法38，39条）。

遺族基礎年金の受給権は，その支給要件がなくなったときに消滅する。すなわち，受給権者が死亡したとき，婚姻したとき，直系血族または直系姻族以外の養子になったときなどに消滅する。その他，妻については子の扶養をしなくなったとき，子については離縁したとき，子が18歳の年度末（障害のある子は20歳）になったときなどに受給権が消滅する（法40条）。

また遺族基礎年金の支給は次のような場合に停止される。すなわち，子に対する遺族基礎年金は，妻が遺族基礎年金を受けられる間，または生計を同じくするその子の父または母がいるときは支給停止となる。また，遺族基礎年金の受給権者である妻が1年以上所在不明のときは，受給権者たる子の申請によって，所在不明になったときにさかのぼって，その支給が停止される。この場合，妻はいつでも，その支給の停止の解除を申請することができる。さらに，遺族基礎年金を受けられる場合で，業務上または通勤途上の事故で死亡し，労災保険の遺族（補償）年金も受けられるときの取り扱い，または労働基準法上の遺族補償を受けられるときの取り扱いは障害基礎年金の場合と同じである（法41，42条）。

4）第1号被保険者の独自給付

(1) 付加年金

付加年金は任意加入制の給付で，付加保険料（月額400円）を納めたことのある者が，老齢基礎年金の受給権を得たときに，老齢基礎年金に加算して支給

される。付加年金の年金額は，200円×付加保険料納付済期間の月数で，スライドは行われない。なお，老齢基礎年金の繰上げ支給または繰下げ支給をうける場合は，付加年金の支給もそれに合わせて繰上げ・繰下げられ，老齢基礎年金の場合と同率の減額・増額が行われる。なお，付加年金の受給権は，受給権者が死亡したときに消滅する（法43～48条）。

(2) 寡婦年金

寡婦年金は，第1号被保険者として保険料納付済期間と保険料免除期間とを合算した期間が25年以上ある夫が死亡したとき，10年以上婚姻関係にあった妻に，60～65歳になるまで支給される。ただし，死亡した夫が，障害基礎年金の受給権者であったとき，または老齢基礎年金をすでに受給していたときには支給されない。

寡婦年金の額は，夫の第1号被保険者の期間について計算した老齢基礎年金の額の3/4の額である。ただし，受給権者が65歳に達したとき，再婚したとき，養子になったとき，繰り上げ支給を受けたとき，受給権は消滅する。なお，夫の死亡につき遺族補償が行われるべきときは，死亡日から6年間は寡婦年金が支給停止となる（法49～52条）。

(3) 死亡一時金

死亡一時金は，第1号被保険者として保険料を3年以上納めた者が，老齢基礎年金，障害基礎年金のいずれも受給しないまま死亡し，その遺族が遺族基礎

図表1-6　死亡一時金

保険料納付済期間	金　　額
3年以上15年未満	120,000円
15年以上20年未満	145,000円
20年以上25年未満	170,000円
25年以上30年未満	220,000円
30年以上35年未満	270,000円
35年以上	320,000円

年金を受給できない場合に，一定の範囲の遺族に支給される。死亡一時金を受けることができる遺族の範囲および順位は，死亡した人の，①配偶者，②子，③父母，④孫，⑤祖父母，⑥兄弟姉妹であって，死亡の当時，死亡した者と生計を同じくしていたことが必要である。ただし，子の遺族基礎年金が支給停止されている場合に，死亡一時金を受けられる遺族は配偶者のみである。死亡一時金と寡婦年金が受けられる場合は，受給権者の選択により，その一つが支給される。死亡一時金の額は，保険料納付済期間に応じて法定されている（図表1-6）。死亡月の前月までに付加保険料納付済期間が3年以上ある場合には，さらに8,500円が加算される（法52条の2〜6）。

(4) 脱退一時金

第1号被保険者としての保険料納付済期間が6ヵ月以上ある外国人であって，老齢基礎年金の受給資格期間を満たしていない者が，日本国内に住所を有しなくなり，最後に被保険者の資格を喪失した日から2年以内に請求を行ったときに支給される。その額は，保険料納付済期間に応じて，3万9,900円から23万9,400円までとされている。

3．費　用

国民年金の給付に要する費用は，被用者年金制度からの拠出金，第1号被保険者の保険料，国庫負担および積立金の運用収入によって賄われる。

1) 拠出金

毎年の基礎年金の給付に要する費用のうち，第2号被保険者および第3号被保険者の分は，各被用者年金保険者が国民年金に対する拠出金として一括して負担する。すなわち，厚生年金保険の保険者としては政府が，各種共済組合の年金保険では保険者たる共済組合が，それぞれ基礎年金拠出金を負担することになっている。拠出金の額は，次の式で算出される（法94条の3）。

$$\text{基礎年金の給付に要する費用} \times \frac{\text{第2号被保険者総数} + \text{第3号被保険者総数}}{\text{国民年金被保険者総数}}$$

2）保険料

　国民年金の保険料は，第1号被保険者に対する給付を賄う費用に充てるための財源として，政府が第1号被保険者から徴収する（法87条1項）。第2号被保険者としての被保険者期間および第3号被保険者としての被保険者期間については，政府は，保険料を徴収せず，被保険者は保険料を納付することは要しない（法94条の6）。

(1) 保険料の額

①定額保険料

　　保険料の額は，被保険者の所得に関係なく，定額であり，毎年4月1日から改定される。平成12年度は月額1万3,300円である。

　　保険料は，国民年金の被保険者期間の計算の基礎となる各月につき徴収される（法87条2項）。

②付加保険料

　　付加保険料は，付加年金の財源となる保険料である。より高い給付を望む第1号被保険者（任意加入被保険者含む）が，社会保険庁長官に申し出て，その申し出をした日の属する月の翌月以後の各月につき，定額保険料のほかに，納付する保険料である（法87条の2，1項）。ただし，第1号被保険者であっても，国民年金基金の加入員，保険料の法定免除および申請免除を受けている者は，付加保険料を納付することはできない。付加保険料の額は月額400円であり，物価スライドにより改定されることはない。

　　付加保険料は，定額の国民年金の保険料が納付された月についてのみ納付することができる。ただし，保険料の追納により定額の保険料が納付された月については，付加保険料を納付することはできない。付加保険料を納付することとなった者は，いつでも，社会保険庁長官に申し出て，付加保険料を納付する者でなくなることができる。この申し出をした場合には，この申し出をした日の属する月の前月以後の月分から付加保険料を納付する者でなくなることができる（法87条の2，3項）。

③保険料の納付義務者

　保険料の納付義務者は，第1号被保険者である（法88条1項）。第2号被保険者および第3号被保険者は，保険料の納付義務はない（法94条の6）。また，被保険者以外の者であっても，世帯主はその世帯に属する被保険者の保険料を，配偶者は被保険者たる者の保険料を，連帯して納付する義務を負う（法88条2項・3項）。

(2) 保険料の免除

　保険料の免除は，第1号被保険者のうち，法定の免除事由に該当する者または低所得階層の者で保険料の納付が困難な者につき，保険料の納付義務を発生させない制度である。この制度には，法定免除と申請免除の2種類がある（法89条・90条）。ただし，任意加入被保険者には適用されない（附則5条10条）。

①法定免除

　　被保険者は，次のいずれかに該当するに至ったときは，その該当するに至った日の属する月の前月から該当しなくなった日の属する月までの保険料は，既に納付されたものおよび前納されたものを除き，納付することを要しない（法89条）。

　　被保険者が法定免除事由のいずれかに該当するに至ったときは，本人の意思に係りなく自動的に免除対象者となり，保険料の納付を要しない。

　ア）障害基礎年金または被用者年金各法に基づく障害を支給事由とする年金たる給付その他障害を支給事由とする給付であって，政令で定めるもの（被用者年金各法の障害等級1級または2級に該当する障害厚生年金・障害共済年金，旧国民年金・厚生年金保険の障害年金，共済組合等が支給する障害年金等）の受給権者。ただし，厚生年金保険法に規定する障害等級に該当しなくなった日から起算して障害等級に該当することなく3年を経過した障害基礎年金の受給権者（現に障害等級に該当しない者に限る）その他政令で定める者は，法定免除に該当しなくなり，第1号被保険者としての保険料を納付しなければならない（同条1項但書）。

イ）生活保護法による生活扶助またはらい予防法の廃止に関する法律による援護を受ける者

ウ）国立および国立以外のハンセン病療養所，国立脊髄療養所，国立保養所等に収容された者

②申請免除

　申請免除は，所得がないとき，被保険者やその世帯員が，生活保護法の生活扶助以外の扶助，またはらい予防法の廃止に関する法律の教育・住宅・医療・生業等の扶助・援助を受けているとき，地方税法に定める障害者または寡婦で，年間の所得が125万円以下のとき，その他，保険料を納めることがいちじるしく困難と認められるときなどに知事の承認により免除される。ただし，世帯主または配偶者がこれを納付することにいちじるしい困難がないと認められるときは，保険料の納付の免除は認められない（法90条1項）。

　また，学生の保険料納付については，特例制度が創設され，学生である第1号被保険者であって本人所得が一定所得以下の者は，その者の申請により国民年金の保険料の納付を要しないこととした。この学生の保険料納付の特例の対象となった期間については，その各月から10年間は保険料を追納できることとされたが，追納されない場合には，老齢基礎年金の受給資格期間をみるに当たっては算入されるが，年金額の計算には反映されない。

　また，2002（平成14）年4月より，半額免除制度が実施されることになっている。この制度は，学生を対象とせず，半額免除の適用を受けている期間中に残りの半額保険料を納付しないときは，保険料滞納としての扱いが取られることになる。

　なお，すでに納付した場合および前納した場合には，保険料の免除はされない。

③免除を受けた期間の取扱い

法定または申請免除を受けた期間については，老齢基礎年金，障害基礎年金，遺族基礎年金および寡婦年金の受給資格期間に関して，保険料納付済期間とまったく同じに取り扱われ，老齢基礎年金の額を計算する場合には，その額の計算基礎となる被保険者期間に算入される。

(3) 保険料の納期限

　保険料は，被保険者期間の計算の基礎となる各月につき納付することとなっているが，毎月の保険料は翌月末日までに納付しなければならない（法91条）。なお，納期限から2年を経過すると時効により納付することができなくなる（法102条）。

(4) 保険料の前納および追納

　①保険料の前納　第1号被保険者（任意加入被保険者含む）の保険料および付加保険料については，翌月の末日までに納付することとなっているが，社会保険庁長官が定める期間については，あらかじめ納付することができる。

　前納する場合に納付すべき額は，前納する期間の各月の保険料の額から，年5分5厘の利率による複利現価法によって割り引いた額の合計額を控除した額とされる（法93条3項）。前納された保険料について保険料納付済期間を計算する場合においては，前納された期間の各月が経過された際に，それぞれの月の保険料が納付されたものとみなす（同条4項）。

　保険料が前納された後，前納の対象期間の経過前において保険料の額の引上げが行われることとなった場合には，前納された保険料のうち，その保険料の額の引上げが行われることとなった後の期間に係るものは，その期間の各月につき納付すべきこととなる保険料に，先に到来する月の分から順次充当するものとする（令8条2）。

　保険料が納付された後，前納の対象期間の経過前に被保険者がその資格を喪失した場合または第1号被保険者が第2号被保険者もしくは第3号被保険者となった場合においては，その者（被保険者が死亡した場合におい

ては，その者の相続人）の請求に基づき，前納した保険料のうち未経過期間分について還付する。

②保険料の追納

　保険料の追納制度も，ほかの社会保険制度には見られない国民年金制度独自のものである。これは，保険料拠出の困難な者にも年金の受給要件を満たせるような保険料免除制度を設けていることに配慮し，保険料の免除を受けた者が，将来，資力を回復した場合には，過去の免除期間について，保険料を追納することが認められている。

　被保険者または被保険者であった者（老齢基礎年金の受給権者を除く）は，社会保険庁長官の承認を受け，保険料納付の免除により保険料の納付を免除された期間についての保険料の全部または一部につき追納することができる。この場合追納できるのは，承認の日の属する月前10年以内の期間に限られており，保険料の一部につき追納するときは，先に経過した月の分から順次に行うものとする（法94条1項）。追納すべき額は，免除された期間の当時の保険料額に政令で定める額を加算した額とする。ただし，免除月の属する年度に属する4月1日から起算して3年以内に追納する場合は，追納に係る加算は行わない（同条2項，令10条）。追納が行われたときは，追納が行われた日に，追納に係る月の保険料が納付されたものとみなす（同条3項）。

(5) 保険料の強制徴収

　政府は，保険料を強制徴収する権限を与えられており，納期限を過ぎても保険料を納付しないときは，督促，滞納処分，延滞金等の強制徴収のための手続きが定められている。

　①督　促

　　ア）保険料その他この法律の規定による徴収金を滞納する者があるときは，社会保険庁長官は，期限を指定して，これを督促することができる（法96条1項）。

イ）社会保険庁長官は，督促をするときは，納付義務者に対して，期限を指定（督促状を発する日から起算して10日以上を経過した日）して，督促状を発する（同条2項・3項）。これにより，時効中断の効力が生じる。
②滞納処分
　　ア）社会保険庁長官は，督促を受けた者がその指定の期限までに保険料その他この法律の規定による徴収金を納付しないときは，国税滞納処分の例によってこれを処分し，または滞納者の居住地もしくはその者の財産所在地の市町村に対して，その処分を請求することができ（同条4項），市町村が処分したときは，厚生大臣は徴収金の4/100に相当する額を市町村に交付しなければならない（同条5項）。
　　イ）上記ア）の処分によって受け入れた金額を保険料に充当する場合においては，さきに経過した月の保険料から順次これに充当し，1ヵ月の保険料の額に満たない端数は，納付義務者に交付するものとする（同条6項）。
③延滞金
　　社会保険庁長官が督促をしたときは，徴収金額につき年14.6%の割合で，納期限の翌日から徴収金完納または財産差押の日の前日までの日数によって計算した延滞金を徴収する（法97条1項）。徴収金の一部について納付があったときは，その納付日以後の期間に係る延滞金の計算の基礎となる徴収金は，その納付のあった金額を控除した金額による（法97条2項）。
　　延滞金は，次の場合には徴収しない（法97条第1項但書・4項）。
　　(a)　徴収金額が500円未満のとき
　　(b)　滞納したことに，やむをえない事情があると認められるとき
　　(c)　督促状に指定した納期限までに徴収金を完納したとき
　　(d)　延滞金の額が50円未満のとき
なお，延滞金を計算するに当たり，徴収金額に500円未満の端数がある

とき，および延滞金の額に50円未満の端数があるときは，その端数は切り捨てる（法97条3項・5項）。

④ 先取特権

　保険料その他国民年金法の規定による徴収金の先取特権の順位は，国税および地方税に次ぐものとする（法98条）。

3) 国庫負担

　国庫は，毎年度，国民年金事業に要する費用にあてるため，事務費の他に，次に掲げる額を負担する（法85条1項）。

① 基礎年金（老齢基礎年金，障害基礎年金および遺族基礎年金）の給付に要する費用の総額のうち，第1号被保険者に係る費用の額の1/3に相当する額。なお，基礎年金以外の国民年金の独自の給付のうち，寡婦年金については，国庫負担はない。

② 保険料免除期間を有する者の老齢基礎年金に要する給付費（期間を短縮された老齢基礎年金の給付費を除く）については，保険料免除期間に係る分の全額と，全額に保険料納付済期間と保険料免除期間の合算期間のうち，保険料免除期間の占める割合を乗じて得た額との合計額。

③ 20歳前の障害に基づく障害基礎年金の給付費については，その額の100分の40。なお，「政府は長期的に安定した年金制度を維持していくため，平成7年以降において初めて行われる財政再計算の時期を目途として，年金事業の財政の将来の見通し，国民負担の推移，基礎年金の給付水準，費用負担の在り方等を勘案し，基礎年金の国庫負担の割合を引き上げることについて総合的に検討を加え，その結果に基づいて必要な措置を講ずるものとする」との検討規定が，1994（平成6）年改正法附則2条に設けられた。

4. 不服申立て，時効および雑則

1) 不服申立て

　国民年金法における不服申立て制度は，法律を適正かつ妥当に運用するとともに，違法または不正な行政処分によって権利等を侵害された者の権利をでき

るだけ簡易かつ迅速に救済するために設けられている制度である。

　社会保険庁長官が行った処分に関する不服申立てについて，行政不服審査法の特別法として，社会保険審査官および社会保険審査会法（社保審法）が定められている。なお，社会保険審査官は各都道府県に置かれ，社会保険審査会は厚生省に置かれている。

(1)　審査請求

　審査請求の対象となる事項は，①被保険者の資格に関する処分，②給付に関する処分（脱退一時金除く），③保険料または徴収金に関する処分である（法101条1項）。

　社会保険審査官に対する審査請求は，その処分があったことを知った日の翌日から起算して60日以内にしなければならない。ただし，正当な事由があることを疎明したときは，この限りではない（社保審法4条1項）。

　脱退一時金に関しては，社会保険審査会に対して審査請求することになる。被保険者の資格または標準報酬に関する処分に対する審査請求は，原処分があった日の翌日から起算して2年を経過したときは，することができない（社保審法4条2項）。

(2)　再審査請求

　審査請求した者が社会保険審査官の決定に対する不服あるときは，社会保険審査会へ再審査請求できる（法101条1項・2項）。

(3)　再審査請求の期限

　審査請求をした日から60日以内に決定がないとき，請求人は社会保険審査官が審査請求を棄却したものとみなして，社会保険審査会に対して再審査請求することができる。再審査請求は，社会保険審査官の決定書の謄本が送付された日から60日以内に行わなければならない（社保審法32条1項）。ただし，正当な事由があることを疎明したときは，その限りでない。

(4)　審査請求・再審査請求の共通事項

　審査請求は，政令の定めるところにより，文書または口頭で行うことができ

る（社保審法5条1項）。被保険者の資格に関する処分が確定したときは，その処分についての不服を該当不服に基づく給付に関する処分についての不服の理由とすることはできない（法101条4項）。審査請求および再審査請求は，時効の中断に関しては，裁判上の請求とみなされる（同条3項）。

(5) 審査請求・再審査請求と訴訟との関係

国民年金法に基づく処分の取消しを求める訴えについては，該当処分に関する再審査請求または審査請求に対する社会保険審査会の採決を経た後でなければ提起することができない（法101条の2）。

2）時　効

年金給付を受ける権利は，その支給事由が生じた日から5年を経過したときは，時効によって消滅する（法102条1項）。年金給付を受ける権利の消滅時効は，当該年金給付がその金額につき支給を停止されている間は，進行しない（同条2項）。保険料その他この法律の規定による徴収金を徴収し，またはその還付を受ける権利および死亡一時金を受ける権利は，2年を経過したときは，時効によって消滅する（法102条3項）。保険料その他この法律の規定による徴収金についての督促は，時効中断の効力を有する（同条4項）。

3）雑　則

(1) 戸籍の証明手数料の免除

市町村長は，社会保険庁長官，地方社会保険事務局長もしくは社会保険事務所長または被保険者であった者もしくは受給権者に対し，市区町村条令の定めるところにより，被保険者，被保険者であった者または受給権者の戸籍に関して，無料で証明を行うことができる（法104条）。

戸籍に関し無料で証明を受けられる範囲は，戸籍の原簿に記載されている特定事項，たとえば，生年月日，生存の証明等に限られ，戸籍謄本（全部事項証明書）や戸籍抄本（一部事項証明書）を無料で請求できるものではない。

(2) 受給権者の届出

受給権者は，社会保険庁長官に対し，年金給付の支給のうえで必要な事項の

届出および書類その他の物件を提出しなければならない（法105条3項）。

① 現況届

年金給付の受給権者は，原則として，毎年1回，社会保険庁長官に対し，現況届をその者の誕生日の属する月の末日までに提出しなければならない。なお，20歳前障害による障害基礎年金の受給権者の現況届の提出期限は，7月31日である。

② 死亡届

年金給付または保険給付の受給権者が死亡したときは，戸籍法の規定による死亡の届出義務者は，14日以内に社会保険庁長官または市町村長に提出しなければならない（法105条4項）。

なお，国民年金の年金給付の受給権者が同時に厚生年金保険の保険給付の受給権を有していた場合において，厚生年金保険の受給権者に係る死亡届が提出されたときは，国民年金の受給権者の死亡の届出があったものとみなされる。

③ その他の届

年金給付または保険給付の受給権者が，受給権の失権，支給停止，年金額改定事由に該当したとき，または氏名，住所，金融期間の変更等があったときは，変更届を提出する必要がある。

(3) 被保険者の届出

① 被保険者は，その資格の取得および喪失ならびに種別の変更に関する事項ならびに氏名および住所の変更に関する事項を市町村長に届け出なければならない（法12条1項）。なお，強制加入被保険者の属する世帯の世帯主は，強制加入被保険者に代わって届出ができる。

② 社会保険庁長官が指定する共済組合または日本私立学校振興・共済事業団は，当該共済組合の組合員または私立学校教職員共済制度の加入者である第2号被保険者の被扶養配偶者である第3号被保険者に代わって届出をすることができるとされている（法12条3項）。

③市町村長は，被保険者からの届出を受理したときは，当該届出を受理した日から14日以内に，社会保険庁長官にこれを報告しなければならない（法12条5項，国年則9条）。

5．国民年金基金

厚生年金保険の老齢給付は，老齢基礎年金とその上乗せ年金として老齢厚生年金および厚生年金基金の年金給付の3階建ての構成となっている。自営業者等に対する国民年金の老後の保障は，老齢基礎年金のみで上乗せ給付がない。

国民年金基金は，国民年金の老齢基礎年金および死亡一時金の受給権者に対し，老齢基礎年金への上乗せ支給することを目的として，1991（平成3）年4月に設立された。

1） 国民年金基金の種類とその組織

国民年金基金は，第1号被保険者（法定免除者，申請免除者および農業者年金基金の被保険者を除く）によって組織される公法人で，地域型国民年金基金と職能型国民年金基金の2種類がある。地域型国民年金基金は，同一の都道府県の区域内に住所を有する1000人以上の第1号被保険者をもって組織され，都道府県ごとに各1，全国で47の国民年金基金が設立されている（法116条1項・118条の2・119条4項）。

職能型国民年金基金は，同種の事業または業務に従事する3000人以上の第1号被保険者をもって組織され，同種の事業または業務ごとに全国を通じて1個設立されている（法116条2項，118条の2，119条5項）。

地域型国民年金基金・職能型国民年金基金を設立しようとするときは，設立委員（地域型国民年金基金を設立するため，加入員の資格を有する者および年金に関する学識経験を有する者のうちから厚生大臣が任命した者）また発起人（職能型国民年金基金の加入員となろうとする15人以上の者）が規約を作成し，創立総会を開き，厚生大臣の認可を受けなければならない（法119条1項・2項・3項・119条の2，119条の3）。国民年金基金は，厚生大臣の認可を受けた時に設立する（法119条の4，1項）。

2） 基金の運営・管理

国民年金基金が行う事業の運営および管理に関する事項については，規約をもって定めなければならない（法120条1項・2項）。

国民年金基金設立のとき，または規約の重要な事項について規約を変更するときは，厚生大臣の認可を受けることが必要である（119条3項，120条3項）。

国民年金基金では，議員機関として，加入員のうちから選任された代議員をもって組織する代議員会を置く（122条1項・2項・3項）。

国民年金基金に，役員として，理事および監事を置く（法124条1項）。理事は，代議員会において互選する。理事のうち1人を理事長として理事が選挙する。監事は，代議員会において，学識経験を有する者および代議員のうちから，それぞれ1人を選挙する。なお，役員の任期は，3年を超えない範囲で規約で定める期間とする。ただし，補欠の役員の任期は，前任者の残存期間とする（法124条7項）。

3） 基金の加入員

(1) 加入員の資格取得

第1号被保険者は，その者が住所を有する地域に係る地域型国民年金基金またはその従事する事業もしくは業務に係る職能型国民年金基金に申し出て，その日から加入員となることができる。ただし，同時に2以上の国民年金基金の加入員となることはできない（法127条1項・2項）。

加入員資格を取得した月に資格を喪失した場合は，その資格取得日にさかのぼって，加入員でなかったものとみなす。

(2) 加入員の資格喪失

加入員は，下記の①および②に該当するに至ったときはその日に，③および④に該当するに至ったときは該当するに至った日の翌日，そして，⑤に該当するに至ったときは当該保険料を納付することを要しないとされた月の初日に，加入員の資格を喪失する（法127条3項）。

① 第1号被保険者の資格を喪失したとき，または第2号被保険者もしくは

第3号被保険者となったとき
② 農業者年金基金の被保険者となったとき
③ 地域型国民年金基金の加入員にあっては,当該国民年金基金の地域内に住所を有する者でなくなったとき,職能型国民年金基金の加入員にあっては,当該事業または業務に従事する者でなくなったとき
④ 国民年金基金が解散したとき
⑤ 法定免除または申請免除の規定により,保険料を納付することを要しないものとされたとき

4) 基金の業務
(1) 年金または一時金の支給
　国民年金基金は,加入員または加入員であった者に対し,年金の支給を行い,あわせて加入員または加入員であった者の死亡に関してのみ,一時金の支給を行うものとする(法128条1項)。
① 基金が支給する年金
　ア) 基金が支給する年金
　　国民年金基金が支給する年金は,少なくとも当該国民年金基金の加入員であった者が老齢基礎年金の受給権を取得したときに,その者に支給されるものでなければならない(法129条1項)。
　イ) 年金額
　　国民年金基金が支給する年金は,政令の定めるところにより,その額が算定されるものでなければならない(法130条1項)。国民年金基金が老齢基礎年金の受給権者に支給する年金額は,次の算式により計算した額を超えるものでなければならない。

> 200円×納付された掛金に係る当該基金の加入員であった期間の月数

　　ただし,支給の繰上げの請求または繰下げの申し出をした老齢基礎年金の受給権者に支給する年金額については,上記の算式の200円は,政

令で定める額とする（法130条2項）。
　　ウ）受給権の失権
　　　　国民年金基金が老齢基礎年金の受給権者に対し支給する年金の受給権は，受給権者が受ける老齢基礎年金の受給権が消滅したときに，消滅する（法129条2項）。
　　エ）受給権の支給停止
　　　　国民年金基金が老齢基礎年金の受給権者に対し支給する年金は，受給権者か受ける老齢基礎年金がその全額につき支給停止されている場合を除いて，その支給を停止することはできない。ただし，当該年金額のうち，200円に当該基金に係る加入員期間の月数を乗じて得た額を，超える分については，この限りでない（法131条）。
　②基金が支給する一時金
　　国民年金基金が支給する一時金は，少なくとも当該国民年金基金の加入員または加入員であった者が死亡した場合において，その遺族が死亡一時金を受けたときに，その遺族に支給されるもので，その額は，8500円を超えるものでなければならない（法129条3項，法130条3項）。
(2)　資金の運用
　　国民年金基金の業務上の余裕金の運用は，政令の定めるところにより，国民年金基金の業務の目的および資金の性質に応じ，安全かつ効率的にしなければならない（法132条2項）。
(3)　基金の業務の一部委託
　　国民年金基金は，厚生大臣の認可を受けて，その業務の一部を信託会社，生命保険会社，農業協同組合連合会または共済水産業共同組合連合会その他政令で定める法人（指定法人）に委託することができる（法128条5項）。
(4)　掛金の徴収
　　国民年金基金は，国民年金基金が支給する年金および一時金に関する事業に要する費用に充てるため，年金額の計算の基礎となる各月につき，加入員から

徴収するものとする（法143条1項，2項）。掛金は，政令の定めるところにより，その額が算定されるものでなければならない（法143条3項）。

5） 基金の解散

国民年金基金は，次に掲げる理由により解散する（法135条1項）。

① 代議員の定数の3/4以上の多数による代議員会の議決
② 国民年金基金の事業の継続の不能
③ 厚生大臣の解散命令

国民年金基金は，上記の①または②により解散しようとするときに，厚生大臣の認可を受けなければならない（法135条2項）。

6） 国民年金基金連合会

国民年金基金は，次に掲げる中途脱退者および解散基金加入員に係る年金および一時金を共同で行うため，2以上の国民年金基金が発起人となり，規約を作成し，創立総会を開き，厚生大臣の認可を受けて国民年金基金連合会を設立することができる。

中途脱退者は，国民年金基金の加入員の資格を中途で喪失した者（当該資格を喪失した日において，当該国民年金基金が支給する年金の受給権を有する者を除く）であって，その国民年金基金の加入員基金が15年未満の者をいう。

解散基金加入員は，国民年金基金が解散した日において，年金の支給に関する義務を負っていた者をいう。

第3節 厚生年金保険

厚生年金保険は，労働者の老齢，障害または死亡について保険給付を行い，労働者およびその遺族の生活の安定と福祉の向上に寄与することを目的とし，あわせて厚生年金基金がその加入員に対して行う給付に関して必要な事項を定めることを目的としている（法1条）。

1. 厚生年金保険の仕組み
1) 保険者
(1) 管　掌

　厚生年金保険は，政府が管掌する（法2条）。管掌とは監督して取り扱う意であるから，厚生年金保険事業の主体たる保険者として政府が直接あたることとされている。これは，労働者を被保険者として強制または任意に加入させ，保険料を徴収し，事故（老齢，障害死亡）について保険給付を行う主体として，政府が最もふさわしいとの見地からである。なお厚生年金基金については，老齢給付の一部代行という観点から，厚生年金基金が保険者とされている。

　改正地方自治法では，国の機関委任事務制度を廃止し，国と地方公共団体の役割分担をはっきりさせた。社会保険事務は，国のラインで処理し，地方公共団体は地方自治法によってだけ事務を処理し，地方公共団体が処理しなければならないものは，地方自治法上の第1号法定受託事務として行うものとされた。

　したがって，今まで都道府県知事の事務であった事項は，地方社会保険事務局長の仕事になった。直接，事業主や受給権者などに接する第一線業務は，改正前後にかかわらず，社会保険事務所が担当する。

　なお，厚生大臣または社会保険庁長官は，厚生年金保険事業の運営に関しては，その大綱につき，あらかじめ年金審議会に諮問するものとする（法5条，厚保令3条の2）。

(2) 裁　定

　保険給付を受ける権利は，その権利を有する者（受給権者）の請求に基づいて社会保険庁長官が裁定する。保険給付を受ける権利は，請求行為を権利発生の要件とする請求年金を除き，その支給要件を満たしたときは，当然そのときに発生するが，保険給付を受けるためには，受給権者が裁定請求書を社会保険庁長官に提出し，確認を受ける必要がある。厚生年金基金は，年金給付（厚生年金保険から老齢厚生年金の受給権を取得した者には，必ず厚生年金基金の年金給付を支給しなければならない）および一時金給付の裁定を行う。

2） 被保険者
(1) 適用事業所

厚生年金保険は，事業所単位に適用され，その事業所に使用されるものをもって被保険者とするという仕組みをとっている。ここにいう事業所とは，一定の目的のもとに継続的に事業を行う場所とされ，一定の事業の事業所または事務所のほか，国，地方公共団体または法人の事業所または事務所であって常時従業員を使用するもの（法6条1項2号）および船舶（同項3号）も適用事業所とされる。

一の事業所において複数の事業が行われるときは，当該事業のうち主従の関係にあり一体として取り扱うことが適当なものについては，一の事業として取り扱われる。また，船舶のうち所有者が同一であるものについては，一の事業所として取り扱われる（法8条の3）。

①強制適用事業所

　適用事業所のうち，法律上当然に保険関係が成立するものを強制適用事業所という。

　強制適用事業所とされるのは，次のとおりである。

ア）法6条1項1号に定めるイ．からタ．に掲げる事業を行う事業所または事務所で，常時5人以上の従業員を使用する事業所（個人事業である第一次産業，サービス業，専門サービス業，宗教業は除く）

イ）国，地方公共団体または法人の事業所・事務所であって，常時従業員を1人以上使用する事業所（法6条1項1号に定めるイ．からタ．に掲げる事業以外の事業を行うものも含む）

ウ）船員法1条に規定する船員として船舶所有者に使用される者が乗り込む船舶

　厚生年金保険は，前記の事業所または船舶を単位として適用され，その適用事業所に使用される者が当然被保険者となる。

②任意適用事業所

強制適用事業所に該当しない事業所の事業主が社会保険庁長官に申請し認可を受けたときは，その事業所を適用事業所とすることができる。この事業所を任意適用事業所という（法6条3項）。

ア）認可申請の要件

　任意適用事業所の認可を受けようとするときは，その事業所の使用される者（12条に規定する適用除外者を除く）の1/2以上の同意を得て社会保険庁長官に申請する必要がある（法6条4項）。

イ）設立許可があった場合

　社会保険庁長官の認可があったときは，その事業所に使用される者は，適用除外者を除き，認可の申請に同意しなかった者を含めて，すべて当然被保険者となる。設立許可があった場合は，事業主および被保険者の権利・義務は，強制適用事業所の場合と同じとなる。

ウ）擬制的任意適用事業所

　強制適用事業所（船舶を除く）が強制適用事業所の要件に該当しなくなったとき（たとえば業種の変更，従業員数が5人未満等）は，その日に任意適用事業所の認可があったものとみなされる（法7条）。これにより擬制的任意適用事業所となる。

エ）任意適用事業所の適用の取消し

　任意適用事業所の事業主は，適用事業所の適用の取消の認可を受けようとするときは，その事業所に使用される者（法12条に規定する適用除外者を除く）の3/4以上の同意を得て，社会保険庁長官に適用の取消の申請を行い，都道府県知事認可を得て，その事業所を適用事業所でなくすることができる（法8条1項・2項）。

オ）一括適用事業所

　(a)　2以上の適用事業所（船舶を除く）の事業主が同一であるときは，その事業主は，社会保険庁長官の承認を得て，これらの2以上の事業所を一括して1の適用事業所とすることができる（法8条の2，1項）。

適用事業所の一括の承認があったときは，1の適用事業所（一括適用事業所）とされなかった事業所は，法6条の規定による適用事業所でなくなったものとみなされる（法8条の2，2項）。

(b) 2以上の船舶の船舶所有者が同一であるときは，社会保険庁長官の承認を受けなくても，当該2以上の船舶は1つの適用事業所として取り扱われる（法8条の3）。

(2) 被保険者

厚生年金保険の被保険者には，強制的に被保険者となる当然被保険者と，本人の意思により加入よる任意単独被保険者，高齢任意加入被保険者，第4種被保険者および船員任意継続被保険者がある。

厚生年金保険の被保険者は，同時に国民年金の第2号被保険者となる。

①当然被保険者

強制適用事業所，任意適用事業所または一括適用事業所に使用される65歳未満の者（第4種被保険者および船員任意継続被保険者を除く）は，本人の意思，国籍，性別，年齢に関係なく当然被保険者となる。

法人に使用され，法人から労働の対償として報酬を受ける取締役，理事，代表社員等も，被保険者となる。

被保険者は，次のいずれかに該当するに至ったときは，その日に，被保険者の資格を取得する。

ア）強制適用事業所または任意適用事業所に使用されるに至ったとき
イ）使用されていた事業所が適用事業所となったとき
ウ）強制適用事業所以外の事業所が任意適用事業所となったとき
エ）適用除外者の規定に該当しなくなったとき

被保険者は，次のいずれかに該当するに至ったときは，その日の翌日（その事実があった日にさらに被保険者の資格を取得したとき，共済組合の組合員もしくは私立学校教職員共済制度の加入者となったとき，または65歳に達したときは，その日）に被保険者の資格を喪失する。

ア）死亡したとき
イ）その事業所または船舶に使用されなくなったとき
ウ）任意適用事業所の適用事業所の取消しがあったとき
エ）適用除外者の規定に該当するに至ったとき
オ）65歳に達したとき

② 適用除外者

　適用事業所に使用される者であっても，次に掲げる者は，被保険者から除外される（法12条）。イ）からオ）までは，健康保険法の適用除外（健康保険法では，これ以外に船員保険法の強制被保険者も適用除外者となる）と同じである。

ア）国，地方公共団体または法人に使用される者であって，次のいずれかに該当する者
　　a）恩給法第19条に規定する公務員および同条に規定する公務員とみなされる者。ただし，現在これに該当する者はいない。
　　b）法律により組織された共済組合等の組合員・加入者。
イ）臨時に使用される者（船舶所有者に使用される船員を除く）であって，次のいずれかに該当する者
　　a）日々雇い入れられる者。ただし，1月を超え引き続き使用されるに至ったときは，被保険者となる。
　　b）2月以内の期間を定めて使用される者。ただし，定められた期間を超えて引き続き使用されるようになったときは，被保険者となる。
ウ）所在地が一定しない事業所に使用される者。
エ）季節的業務（たとえば，清酒の醸造等）に使用される者（船舶所有者に使用される船員を除く）。ただし，継続して4月を超える予定で使用される場合は，当初から被保険者となる。
オ）臨時的事業（たとえば，博覧会等）に使用される者。ただし，継続して6月を超える予定で使用される場合は，当初から被保険者となる。

カ) 厚生年金保険法による年金たる給付に相当することを目的とする外国の法令の適用を受ける者であって、政令（現在は未公布）で定める者。

③ 任意単独被保険者

　適用事業所以外の事業所に使用される65歳未満の者（12条の適用除外者に該当する者は除く）は、事業主の同意を得て、本人自身が申請し、社会保険庁長官の認可を受けて厚生年金保険の被保険者となることができる。

　この場合、事業主の同意を必要とするのは、任意単独被保険者の事業主が適用事業主と同様、保険料の納付、諸届出義務が課せられているからである。

④ 高齢任意加入被保険者

ア) 適用事業所に使用される高齢任意加入被保険者の場合

　適用事業所に使用される65歳以上の者（12条の適用除外者、第4種被保険者および船員任意継続被保険者を除く）であって、老齢厚生年金、国民年金法の老齢厚生年金その他老齢・退職を支給事由とする年金たる給付の受給権を有しない者は、社会保険庁長官に申し出て、被保険者となることができる。これを、高齢任意加入被保険者という。

　高齢任意加入被保険者の資格取得を申し出たときは、その申出が受理された日に被保険者の資格を取得する。ただし、申し出た者が、初めて納付すべき保険料を滞納し、督促状に指定された期限までにその保険料を納付しないときは、高齢任意加入被保険者とならなかったものとみなされる。なお、事業主が保険料の半額を負担し、かつ被保険者と自己の負担する保険料を納付する義務を負うことに同意したときは、この限りでない。

イ) 適用事業所以外に使用される高齢任意加入被保険者の場合

　適用事業所以外の事業所に使用される65歳以上の者（12条の適用除外者、第4種被保険者および船員任意継続被保険者を除く）であって、老齢厚生年金、国民年金法の老齢基礎年金その他老齢・退職を支給事由と

する年金たる給付の受給権を有しない者は，その事業所の事業主の同意を得て，社会保険庁長官の認可を受けて，被保険者となることができる。

高齢任意加入被保険者は，社会保険庁長官の認可があった日に被保険者の資格を取得する。

⑤ 第4種被保険者

旧厚生年金保険法では，被保険者期間が10年以上ある被保険者がその資格を喪失した場合において，老齢年金の受給資格期間を満たしていないときは，社会保険庁長官に申し出て老齢年金を受けるに必要な被保険者期間を満たすまでの間，引き続き，被保険者となれる制度があったが，1985（昭和60）年改正法により廃止された。

ただし，1985（昭和60）年改正法の施行日（昭和61年4月1日）の前日において，現に第4種被保険者であった者および昭和16年4月1日以前に生まれた者（施行日において45歳以上の者）で，施行日に厚生年金保険の被保険者であった者等については，施行日以後も第4種被保険者となることができる経過措置が設けられている。すなわち，被保険者期間が10年以上あるものが，被保険者の資格を喪失した場合（引き続き共済組合等の組合員・加入者である期間を有する者を除く），または，当該被保険者の資格を喪失後に引き続く共済組合等の組合員・加入員の資格を喪失した場合において，当該被保険者期間が20年に達していないときは，その者は，社会保険庁長官に申し出て，第4種被保険者となることができる（昭和60年改正法附則43条）。

⑥ 船員任意継続被保険者

施行日の前日において旧船員保険の船員任意継続被保険者であった者が，施行日の後，引き続き厚生年金保険の船員任意継続被保険者となった者である（昭和60年改正法附則44条1項）。

(3) 被保険者種別の変更

被保険者の変更（第1種被保険者と第3種被保険者との間の変更）は，その

変更の事実が発生した日において，後の種別の被保険者となる（昭和60年改正法附則46条）。

(4) 被保険者資格の取得および喪失の確認

被保険者の資格の取得および喪失は，社会保険庁長官の確認によって，その効力を生ずる（法18条1項・昭和60年改正法附則46条）。

ただし，任意適用事業所に使用される被保険者または適用事業所以外の事業所に使用される高齢任意加入被保険者の資格の得喪，任意適用事業所の適用の取消しによる被保険者資格の喪失，第4種被保険者および船員任意継続被保険者の資格の得喪，厚生年金基金の加入員であるかいなかについては，社会保険庁長官の確認は要しない（法18条1項但書）。

確認が行われる場合は，①事業主の届出による場合，②被保険者からの確認請求による場合，③行政庁が実態調査などの結果に基づき職権によって行う場合の3つの場合がある。

3） 被保険者期間

被保険者期間は，被保険者の資格取得から資格喪失までの間の期間をいい，保険料の徴収および年金給付の受給資格要件およびその額の算定等に重要な関係をもっている。

厚生年金保険の被保険者期間は，国民年金の被保険者期間の計算の通則と同じである。以下は，厚生年金保険のみの内容について述べる（法19条）。

(1) 厚生年金基金の加入員期間に係る特例

① 被保険者が厚生年金基金の加入員となった月は加入員であった月とみなす。加入員であった者が加入員でなくなった月は加入員でなかった月とみなす。

② 同一の月において，2回以上にわたり加入員であるかないかの区別に変更があったときは，その月は，最後に加入員であったときは加入員であった月とし，最後に加入員でなかったときは加入員でなかった月とみなす（法19条の2）。

③加入員に資格を取得した月にその資格を喪失した者は，その資格を取得した日にさかのぼって，加入員でなかったものとみなす（法125条）。

(2) 第3種被保険者の被保険者期間計算の特例

① 1986（昭和61）年3月31日以前の旧船員保険法による被保険者であった期間（脱退手当金を受けた期間等を除く）は厚生年金保険の被保険者期間とする。

② 1986（昭和61）年3月31日以前の坑内員等であった期間計算の特例

ア）昭和61年3月31日以前の坑内員であった期間および昭和60年法律34号附則47条1項の規定により厚生年金保険の被保険者であったとみなされた旧船員保険法による船員であった期間については，厚生年金保険法19条1項の規定により計算し，その期間に4/3を乗じた期間を被保険者期間とする（昭和60年改正法附則47条2項・3項）。

イ）昭和61年4月1日以降平成3年3月31日までの期間については，その期間に6/5を乗じた期間を被保険者期間とする。

ウ）戦時加算の特例……昭和19年1月1日から昭和20年8月31日までの間に坑内員の期間がある者および昭和16年12月8日から昭和21年3月31日までの間に船員の期間（指定された区域を航行する船舶に乗り込んだ期間に限る）がある者については，実際の被保険者であった期間を4/3倍した被保険者期間にさらに4/3倍の戦時加算額が加算される（附則24条他）。

(1) 被保険者期間に算入されない期間

次の期間は，被保険者期間に算入されない。

①脱退手当金を受けた期間（昭和60年改正法附則75条・旧厚保法71条）

②法律の準備期間であった期間……昭和17年1月1日から同年5月31日までの期間（男性労働者の場合）および昭和19年6月1日から同年9月30日までの期間（一般男性・女性の場合）は，法律の準備期間で，被保険者であっても保険料を負担していないので，被保険者期間には算入しない。

③ 共済組合へ移管された厚生年金保険の被保険者期間（国家公務員共済組合法附則18条等）

④ 保険料滞納期間（法75条）

4）標準報酬

(1) 報酬の定義

厚生年金保険では，報酬の定義を定めている。標準報酬は，被保険者の報酬の額に基づき一定の方法で定められるが，この場合の報酬の範囲に属するものは，賃金，給料，俸給，手当，賞与その他いかなる名称であるかを問わず，事業主から労働者に対して支払われるもので，労働の対価として支払われるものであれば，金銭または現物を問わず，すべてのものが対象となる。健康保険法と同じである。

現物給与とは，通勤定期券・被服（作業服を除く）・住宅・食事等をいう。現物給与の額については，健康保険法と異なり社会保険庁長官のみがその地方の時価によって定めるものとされている。

報酬から除外されるものとしては，① 臨時に受けるもの，② 3月を超える期間ごとに受けるもの，③ 恩恵的なもの，④ 実費弁償のものである。

(2) 標準報酬

被保険者の実際の報酬を基準として保険料を徴収したり，保険給付をしたりするのは事務的，技術的にきわめて煩雑である。そこで，いくつかの等級に区分した仮定的報酬を定めてそれを「標準報酬」として，これにそれぞれの被保険者の報酬をあてはめることにした。

標準報酬は，被保険者が受ける報酬月額に基づき，第1級（9万2,000円）から第30級（59万円）に区分された標準報酬月額表によって決定される（法20条）。2000（平成12）年10月からは上下限が1ランクずつ引き上げられ，最低等級9万2,000円が9万8,000円に，最高等級59万円が62万円になる。厚生年金保険では，健康保険と同様，標準報酬月額を基準として，保険料の徴収および保険給付の額を計算している。なお，健康保険で定められている標準報酬等級表

の上限改定措置は厚生年金保険では規定がない。

資格取得時決定，定時決定，随時改定そして保険者算定の仕方は，健康保険と同一のものである。ただ，厚生年金保険では，保険者は政府のみであり，健康保険の保険者が政府と健康保険組合の2つある点が異なる。

① 資格取得時決定

社会保険庁長官は，被保険者の資格を取得した者があるときは，その者の報酬を次の計算方法により算定した額を報酬月額とし，標準報酬を決定する（法22条1項）。

ア）報酬が月，週その他一定の期間によって定められる場合には，被保険者の資格を取得した日における報酬の額を，その期間の総日数で除して得た額の30倍に相当する額

イ）報酬が日，時間，出来高または請負によって定められる場合には，被保険者の資格を取得した月前1ヵ月間に当該事務所で，同様の業務に従事し，かつ，同様の報酬を受ける者が受けた報酬の額を平均した額

ウ）報酬の額が，ア）およびイ）によって算定することが困難であるものについては，被保険者の資格を取得した1ヵ月間に，その地方で，同様の業務に従事し，かつ，同様の報酬を受ける者が受けた報酬の額

エ）ア）からウ）までの2以上に該当する報酬を受ける場合には，それぞれについてア）からウ）までの方法により算定した額の合計額

このようにして決定された標準報酬は，被保険者の資格を取得した月が1月1日から6月30日までの場合はその年の9月までの各月の標準報酬，被保険者の資格を取得した月が7月1日から12月31日までの場合には翌年の9月までの各月の標準報酬とされる（同条2項）。

② 定時決定

被保険者の資格を取得した際の決定は，その年の9月または翌年9月までの標準報酬となるが，それ以後については毎年1回の定時決定が行われる。

社会保険庁長官は，被保険者が毎年8月1日に現に使用される事務所において同日前3ヵ月間に受けた報酬の総額をその期間の月数で除して得た額を報酬月額として，標準報酬を決定する（法21条1項）。

具体的には，5月，6月および7月において受けた報酬により算定されるが，この場合，当該3ヵ月間は8月1日に使用されている事業所に継続して使用されたものであることが必要であり，かつ，報酬支払いの基礎となった日数が20日未満である月は除いて計算される。なお，報酬月額の届出は，8月10日までに厚生年金被保険者報酬月額算定基礎届出正副2通を社会保険庁長官に提出することにより行う（規則18条）。

このようにして決定された標準報酬月額は，その年の10月から翌年の9月までの各月までの標準報酬とされる（法21条2項）。

なお定時決定は，7月1日から8月1日までの間に被保険者の資格を取得した者および改定により8～10月までのいずれかの月から標準報酬を改定され，または改定されるべき被保険者については，その年に限り行われない。

2003（平成15）年4月1日からは，定時決定の算定は，現在5～7月の3ヵ月の賃金の平均額を標準報酬月額とすることになっているが，改定法案により，4～6月の3ヵ月の平均額に変更される。さらに，定時決定により改定された標準報酬月額の適用期間も，現行の10月から翌年9月までを改め，9月から翌年8月までとされる。

③ 随時改定

被保険者が昇格，ベースアップなどにより報酬の額が著しく変動した場合には，当該報酬の変動に応じて標準報酬を改定する制度が設けられている（法23条）。

社会保険庁長官は，被保険者が現に使用される事業所において継続した3ヵ月間に受けた報酬の総額を3で除した額が，その者の標準報酬の基礎となった報酬月額に比べて，著しく高低を生じた場合において，必要があ

ると認めたときは，その額を報酬月額として，そのいちじるしく高低を生じた月の翌月から，標準報酬を改定することができるとされている。

　具体的には，継続する3ヵ月間の平均の標準月額が変動したため，それまでの標準報酬等級に2等級以上の差を生じた場合に行われる。このようにして改定された標準報酬は，算定の基礎となった3ヵ月の最後の月の翌月からその年の9月までの各月の標準報酬とされる。なお8～12月までのいずれかの月から改定されたものについては，翌年の9月までの各月の標準報酬とされる。なお，継続する3ヵ月の各月とも，報酬支払いの基礎となった日数は，20日以上なければならない。また，報酬月額変更の届出は，すみやかに厚生年金保険被保険者報酬月額変更届出正副2通を社会保険庁長官に提出することによって行う（規則19条）。

④ 報酬月額の算定の特例

　標準報酬の算定が困難であるとき，または報酬月額を算定した結果その額が著しく不当であるときは，社会保険庁長官が算定する額が，当該被保険者の報酬月額とされる。

　同時に2以上の事業所で報酬を受ける被保険者について報酬月額を算定する場合においては，各事業所についてそれぞれ報酬月額を算定し，その合算額をその者の報酬月額とする（法24条）。

　船員たる被保険者の標準報酬は，上記各方法と異なり，船員保険法の算定方法によるとされている。第4種被保険者の標準報酬は，その被保険者の資格を取得する前の最後の標準報酬とされている（昭和60年改正法附則50条1項）。したがって，新たに標準報酬が改定されることはない。

　なお，標準報酬月額が9万2,000円未満である者の標準報酬月額は，9万2,000円とされている（平成6年改正法附則12条3項）。

5） 年金額の改定

　厚生年金保険法の年金たる保険給付の額は，国民の生活水準，賃金，その他の諸事情に著しい変動が生じた場合には，変動後の諸事情に応ずるため，速や

かに改定の措置（物価スライド）が講ぜられなければならない（法2条の2）。

法2条の2で定めるのは，いわば総則的に年金額の改定を定めるものであり，消費者物価指数による自動改定とともに，財政再計算の際に，賃金の変動等の諸事情に応じた改定を行うことを定めたものである。

財政再計算は少なくとも5年ごとに行われるものであり（法81条4項），その際，保険料および保険給付の改善のみならず，人口構造の変化，経済成長，物価，金利等の変動による影響等を見込んで，給付と負担を均衡させる拠出計画を作成し，制度自体の大規模改正も行われている。なお，年金たる保険給付については，国民年金の年金額の改定と同様に行われる。

2．給 付

1） 老齢厚生年金

老齢厚生年金は，厚生年金に加入している者が，国民年金の老齢基礎年金を受けられるようになったとき（25年の受給資格期間を満たした者が65歳になったとき）に，老齢基礎年金に上乗せして支給される（法42条）。したがって，老齢厚生年金の独自の資格期間はない。厚生年金の被保険者期間がたとえば1ヵ月であっても，老齢基礎年金の受給権があれば，老齢厚生年金が支給される。また，新制度では厚生年金保険の被保険者は65歳で資格喪失するので，適用事業所在職中であっても，65歳以後は年金が全額支給される。

65歳支給の老齢厚生年金額が，報酬比例の年金額（平均標準報酬月額×7.125/1000×被保険者期間の月数×スライド率）に加給年金額を加えた額である（法43条）が，当分の間はこれに経過的加算がつく（図表1-7）。なお，被保険者期間の月数とは，実際に厚生年金保険に加入した月数のことである。平均標準報酬月額の算出にあたっては，過去の低い報酬の影響を断ち切るために，1957（昭和32）年10月以後の標準報酬月額を用いるとともに，賃金の上昇などを勘案して現在の報酬への再評価を行い，被保険者期間中の平均額を算定することとしている。また，平均標準報酬月額にかける乗率は1000分の7.125であるが，1946（昭和21）年4月1日以前に生まれた者については，生年月日に応

図表1-7 老齢厚生年金の年金額の構成

60歳	65歳	
報酬比例部分	老齢厚生年金	
定額部分	（経過的加算）	
	老齢基礎年金	

じて1000分の10～7.61とする経過措置がある（同附則59の1）。

　加給年金は，老齢厚生年金を受けられるようになったとき，その者によって生計を維持している65歳未満の配偶者（1926年4月1日以前に生まれた配偶者には年齢制限はない），子（18歳到達年度内を含む。以下同じ），または20歳未満で1・2級の障害の子がいる場合に支給される。1939（昭和14）年4月2日以後の生まれの受給権者の配偶者には，受給権者の生年月日に応じて特別加算がつく（同附則60）。加給年金は生計維持関係の終了，配偶者の離婚，子の養子縁組，養子の離縁，子の婚姻，子が18歳の年度末に達したときなどにより停止される（法44条）。配偶者が所定の年金を受給できるときは，配偶者への加算分が支給停止される（法46条）。なお，配偶者加給年金の支給期間は，配偶者が65歳になるまでである。

　経過的加算は，60から65歳になるまでの特別支給の老齢厚生年金の定額部分の額と，65歳から支給される老齢基礎年金の額に，格差が生じる場合，当分の間はこれを補う必要があるために設けられているものである。

2） 特別支給の老齢厚生年金

　老齢厚生年金は老齢基礎年金と同様，65歳支給を原則としているが，当分の間，厚生年金保険の被保険者期間が1年以上あり，老齢基礎年金の資格期間を満たして被保険者資格を喪失している者には，60から65歳になるまで，厚生年

金保険の独自の給付として，老齢厚生年金の特別支給が行われる（同附則8）。ただし，女子と坑内員・船員については，60歳の支給開始年齢を55から59歳に繰り上げる特例を設けている。

　従来，特別支給の老齢厚生年金は，原則として厚生年金保険の被保険者資格を喪失していることを要件として支給されていた。そのため，60歳代前半において支給される特別支給の老齢厚生年金は，賃金（標準報酬）が低い者に対し，年金の一部を停止した上で例外として支給することとされていた。しかし，1994年改正においては，60歳代前半期は賃金と年金を合わせて生活設計を立てる期間として位置づけ，60歳代前半期の老齢厚生年金を報酬比例部分相当の年金とするとともに，働きながら年金を受け取ることは例外的なものとして取り扱うという従来の在職老齢年金の考え方を改めた。

　そこで，1995年4月から在職老齢年金の仕組みが改善され，賃金の増加に応じて賃金と年金の合計も増加するように改められた。すなわち，賃金を受けながら特別支給の老齢厚生年金を受け取る在職者の場合（在職老齢年金）は，年金が一定の割合で減額される仕組みである。ただし，減額された年金額と賃金（標準報酬月額）の手取合計額によって，その計算方法は変わる（図表1-8）。なお，年金が全額支給停止にならない限り加給年金額についてはそのまま全額が加算される。

　雇用保険から基本手当を受けられる間，65歳未満の者が受ける老齢厚生年金の特別支給は停止される。また，60歳以上65歳未満で在職老齢年金と高年齢雇用継続給付が同時に受けられるときは，標準報酬の10％相当の年金の停止を行う（1998年4月実施）。

3）　**障害厚生年金・障害手当金**

・障害厚生年金は，厚生年金保険の被保険者期間中に初診日のある傷病が原因で，障害基礎年金に該当する障害（1・2級）が生じたときに，障害基礎年金に上乗せする形で支給される。障害程度が1・2級に該当せず，厚生年金の障害等級表の3級に該当したときは，障害基礎年金の支給はなく，独自の障害厚

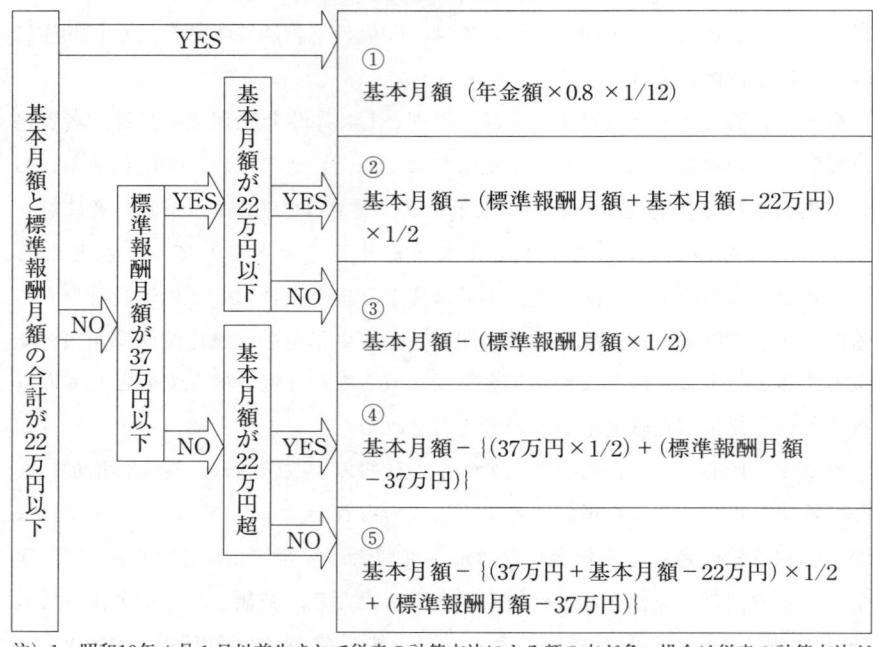

図表 1-8　在職老齢年金（月額）の計算法

フローチャート：

基本月額と標準報酬月額の合計が22万円以下
- YES → ① 基本月額（年金額×0.8 ×1/12）
- NO → 標準報酬月額が37万円以下
  - YES → 基本月額が22万円以下
    - YES → ② 基本月額−（標準報酬月額＋基本月額−22万円）×1/2
    - NO → ③ 基本月額−（標準報酬月額×1/2）
  - NO → 基本月額が22万円超
    - YES → ④ 基本月額−{(37万円×1/2)＋(標準報酬月額−37万円)}
    - NO → ⑤ 基本月額−{(37万円＋基本月額−22万円)×1/2＋(標準報酬月額−37万円)}

注）1　昭和10年4月1日以前生まれで従来の計算方法による額の方が多い場合は従来の計算方法が適用される。
　　2　基本月額とは，年金月額の8割額。計算結果がマイナスのときは受けられない。
資料：社会保険広報社編『社会保険の実務』社会保険広報社，2000年，82項

生年金（3級）のみが支給される。なお，1～3級の障害には該当しないが，一定の障害状態にある場合には，障害手当金（一時金）を支給する。

　障害厚生年金の支給要件，障害認定日，事後重症制度などは，いずれも障害基礎年金と同一である。また，障害手当金は厚生年金保険の被保険者期間中に初診日のある傷病が，初診日から5年以内に治り，一定の障害状態にある場合に支給される。障害手当金の保険料納付済期間などの要件も障害基礎年金と同一である（法47，55条）。

　障害厚生年金は，障害認定日において1級，2級または3級の障害の状態に

ある者に支給されるが，内部疾患等の難治性の疾患でこの障害認定日には障害等級に該当しなかったがその後症状が悪化して1級，2級または3級の障害の状態に該当するに至った場合には，障害厚生年金は支給されない。そこで障害認定日には1級，2級または3級までの障害の状態の程度になかったものがその後65歳に達する日の前日までに1級，2級または3級までの障害の状態になった場合に，その期間までに請求を行うことにより障害厚生年金が支給される（法47条の2）。

　障害厚生年金は，傷病が複数発生した場合には，それぞれが障害等級になければ支給されない。また併合の認定が行われるのは，原則として障害の状態が1級および2級である場合に限定されている。このようなことから厚生年金保険の被保険者期間中に初診日のある傷病（「基準傷病」という）による障害と，基準傷病の初診日前にある傷病による障害とを併合して初めて1級，2級に該当する障害状態になったときに障害厚生年金が支給される（法47条の3第1項）。なお，障害基礎年金と整合性をとる必要から，併合認定の対象となるのは，障害等級が1級または2級のものに限られる。現実の支払いは，障害厚生年金の請求のあった月の翌月分からである（法47条の3第3項）。

　障害厚生年金・障害手当金の額は，障害の程度に応じて，報酬比例の年金額に一定の率をかけた額で，1・2級の障害厚生年金には配偶者の加給年金額が加算される。なお，子についての加給年金額は，障害基礎年金につくので障害厚生年金にはつかない。すなわち，1級障害の場合は（報酬比例の年金額×1.25＋配偶者加給年金）＋（障害基礎年金＋子の加算額）で，2級障害が（報酬比例の年金額＋配偶者加給年金）＋（障害基礎年金＋子の加算額），3級障害が報酬比例の年金額（最低保障がある）に相当する額である。3級よりも軽い場合の障害手当金は，報酬比例の年金額の2倍（最低保障がある）に相当する額である（同法50条）。なお，報酬比例の年金額の算定にあたっての被保険者期間の月数とは，実際に厚生年金保険に加入した月数のことであるが，被保険者期間の月数が300月（25年）未満のときは，300月として計算する。また，

障害手当金の報酬比例の年金額は物価スライドの対象外である。

4） 遺族厚生年金

遺族厚生年金は，次のいずれかの者が死亡したとき，その遺族に支給される。すなわち，①厚生年金保険の被保険者が死亡したとき，②厚生年金保険の被保険者であった間に発生した傷病が原因で初診日から5年以内に死亡したとき，③1・2級の障害厚生年金の受給権者が死亡したとき，④老齢厚生年金の受給権者または老齢厚生年金の受給資格期間を満たした者が死亡したときに遺族に支給される（法58条）。ただし，①または②の場合は，遺族基礎年金の保険料納付要件を満たしていることが必要である。

遺族の範囲は，死亡した者に生計を維持されている，①配偶者と子，②父母（配偶者と子がいない場合），③孫（配偶者，子，父母がいない場合），④祖父母（配偶者，子，父母，孫がいない場合）であり，この順位で受給権を取得する。ただし，夫，両親，祖父母は55歳以上（支給は60歳）であることが必要である（法59条）。なお，遺族厚生年金は先順位の者が受給権を失った場合でも，次順位の者に受給権が移る（転給）ことはない。子のある妻または子には，遺族厚生年金と遺族基礎年金の2つの年金が支給される。これに対し，子のない妻，55歳以上の夫，両親，祖父母，孫には，厚生年金保険独自の遺族厚生年金を支給し，遺族基礎年金は支給されない。なお，「子」または「孫」とは，18歳に達する日以後の最初の3月31日までの間にある者，または20歳未満で障害等級の1級または2級に該当する障害の状態の者で，現に婚姻していないことが必要である。

遺族厚生年金の年金額は，報酬比例の年金額の3/4に中高齢寡婦加算または経過的寡婦加算を加えた額である（法60条）。報酬比例の年金額の算定にあたっては，障害厚生年金と同様，被保険者期間の月数が300月（25年）未満のときは，300月として計算する。子のない妻には遺族基礎年金が支給されないので，中高齢の妻（40歳以上。夫の死亡時35歳以上だった妻が40歳になった場合も含む）が受けるときは，40から65歳になるまで中高齢加算がつく（法62条）。

第1章 公的年金

　遺族厚生年金の受給権は，受給権者の死亡，婚姻（内縁を含む），直系血族・直系姻族以外の者との養子縁組（内縁を含む），離縁による死亡者との親族関係の消滅，その他の事由により消滅する（法63条）。遺族補償（労基法79条）が支給されるときは，死亡の日から6年間，遺族厚生年金が支給停止される。老齢厚生年金の受給権者または受給資格期間を満たしている者の死亡による遺族厚生年金は，遺族共済年金が支給されると，併給調整により支給されない。これ以外の者の死亡による遺族厚生年金は，遺族共済年金が支給されるときは支給停止となる。中高齢寡婦加算の受給権者に遺族基礎年金が支給されるときは，加算が停止される。夫，両親，祖父母に対する遺族厚生年金は，受給権者が60歳になるまで停止される。妻と子が受給権者であるときは，妻に支給し，子への支給は停止される。ただし，妻と子が生計を同じくせずに，遺族基礎年金が子に支給されるときは，遺族厚生年金も子へ支給される。夫と子が受給権者であるときは，子に支給し，夫への支給は停止される（法64〜69条）。

　なお，被保険者期間が1年以上あり，老齢厚生年金の受給資格期間を満たしていない者で，被保険者期間と旧共済組合期間を合算した期間が20年以上ある者が死亡した場合，その遺族が遺族厚生年金の受給権を取得しないときは，その遺族に特例遺族年金が支給される（法附則28条の4第1項）。特例遺族年金の額は，特別支給の老齢厚生年金の50/100に相当する額である（同条2項）。

5）脱退給付

　厚生年金保険は，老齢・障害および死亡に関して保険給付を行うほか，被保険者が厚生年金保険制度から脱退した場合は，次に掲げる一時金を支給する。

　①脱退手当金（厚生年金保険の被保険者期間が5年以上ある者に支給）

　②脱退一時金（短期在留外国人に支給）

(1)　脱退手当金

　脱退手当金制度は，1985（昭和60）年の法改正により廃止されたが，1941（昭和16）年4月1日以前に生まれた者については，老齢厚生年金の受給資格期間を満たすことなく被保険者の資格を喪失したときは，当分の間，旧厚生年

金保険の規定により脱退手当金を支給することとなっている（昭和60年改正法附則75条）。

脱退手当金は，厚生年金保険の被保険者期間（昭和61年4月1日前の船員保険の被保険者期間を含む）が5年以上ある者で，老齢年金または老齢厚生年金の受給資格期間を満たしていない者が，60歳に達した後に被保険者の資格を喪失し，または被保険者の資格を喪失した後に被保険者となることなく60歳に達したときに，その者に支給する（附則75条・78条1項・旧厚保法69条）。

ただし，次に該当する場合は，上記の支給要件を満たしていても，脱退手当金を支給しない（旧厚保法69条但書）。

① その者が障害年金または障害厚生年金の受給権者であったとき
② その者がその被保険者であった期間の全部または一部を基礎として計算された障害年金もしくは障害厚生年金または障害手当金の支給を受けた者である場合において，すでに支給を受けた障害年金もしくは障害厚生年金または障害手当金の額が，脱退手当金の額に等しいか，または超えるとき

(2) 脱退一時金

短期在留の外国人は，保険料を納付しても在留期間の関係から老齢給付に結びつかないこともあり，外国との国際年金通算協定が締結されるまでの経過措置として，脱退に関する制度がもうけられた。

脱退一時金の請求権者は，被保険者期間が6月以上ある日本国籍を有しない

図表1-9　脱退一時金の支給率

被保険者期間	率
6月以上12月未満	0.5
12月以上18月未満	1.0
18月以上24月未満	1.5
24月以上30月未満	2.0
30月以上36月未満	2.5
36月以上	3.0

者（国民年金の被保険者でない者に限る）で，老齢厚生年金の受給資格期間を満たしていない者である（平成6年改正法附則29条1項本文）。

ただし，次に該当するときは，請求できない（同条1項但書）。

① 日本国内に住所を有するとき
② 障害厚生年金その他政令で定める保険給付の受給権を有したとき
③ 最後に国民年金の被保険者の資格を喪失した日（同日において日本国内に住所を有していた者にあっては，同日後初めて，日本国内に住所を有しなくなった日）から起算して2年を経過したとき
④ 厚生年金保険法による保険給付に相当する給付を行うことを目的とする外国の法令の適用を受ける者または外国の法令の適用を受けたことがある者であって政令で定めるものであるとき

脱退一時金の額は，被保険者期間に応じた一定の率を，その期間の平均標準報酬月額に乗じて得た額である（図表1-9）（附則29条3項）。

6）保険給付の制限

(1) 絶対的給付制限

被保険者または被保険者であった者が，故意に，障害またはその直接の原因となった事故を生ぜしめたときは，当該障害を支給事由とする障害厚生年金または障害手当金は支給されない（法73条）。

(2) 相対的給付制限

① 被保険者または被保険者であった者が，自己の故意の犯罪行為もしくは重大な過失により，または正当な理由がなくて療養に関する指示に従わないことにより，障害もしくは死亡もしくはこれらの原因となった事故を生ぜしめ，もしくはその障害の程度を増進させ，またはその回復を妨げたときは，保険給付の全部または一部を行わないことができる（法73条の2）。
② 障害厚生年金の受給権者が，故意もしくは重大な過失により，または正当な理由がなくて療養に関する指示に従わないことにより，その障害の程度を増進させ，またはその回復を妨げたときは，障害の程度による等級を

上げての増額改定が行われないことや，または障害の程度による等級を下げての減額改定が行われることがある（法74条）。

(3) 消　滅

①保険料を徴収する権利は，2年を経過したときは時効により消滅するが，この場合には当該保険料に係る被保険者であった期間に基づく保険給付は行われない（法75条）。ただし，確認の請求等があった後の時効による権利の消滅の場合は保険給付は行われる（同条）。

②遺族厚生年金は，被保険者または被保険者であった者を故意に死亡させた者には，支給しない。被保険者または被保険者であった者の死亡前に，その者の死亡によって遺族厚生年金の受給権者となるべき者を故意に死亡させた者についても，同様とされる。また，遺族厚生年金の受給権者が2人以上にあるときに，他の受給権者を故意に死亡させた場合，死亡させた者の受給権者は消滅する（法76条）。

(4) 支給の停止

年金たる保険給付は，次のいずれかに該当する場合には，その全部または一部につき，その支給を停止されることがある（法77条）。

　①受給権者が，正当な理由なく，現況届等の提出命令に従わず，また職員の質問に答えなかったとき

　②障害厚生年金の受給権者または加給年金額対象者が，正当な理由なく医師の診断命令に従わなかったとき

　③障害厚生年金の受給権者または加給年金額対象者が，故意または重大な過失により，または正当な理由がなくて療養に関する指示に従わないことにより，その障害の回復を妨げたとき

(5) 支払いの一時差止め

年金の受給権者が，正当な理由なく，現況届等の提出をしないときは，年金の支払いを一時差し止められることがある（法78条）。

3. 保険料

保険料は，厚生年金保険の財源の中心をなすものである。政府は，厚生年金保険事業に要する費用（基礎年金拠出金を含む）にあてるため，保険料を徴収する（法81条1項）。なお，保険料は被保険者期間の計算の基礎となる各月につき，徴収される（同条2項）。

1) 保険料率

保険料額は，標準報酬月額に保険料率を乗じて得た額である（法81条3項）。1996（平成8）年以降の保険料率については，一般被保険者が173.5/1000，坑内員・船員が191.5/1000となっている。第4種被保険者および高齢任意加入被保険者は一般被保険者と同じ保険料率で，船員任意継続被保険者は坑内員・船員と同じ保険料率である。

これら保険料率は，保険給付に要する費用（基礎年金拠出金を含む）の予想額ならびに予定運用額収入および国庫負担の額に照らし，将来にわたって財政の均衡を保つものでなければならず，5年ごとに行われる財政再計算の際に見直されることとなっている（法81条4項）。なお，2003（平成15）年4月以降，総報酬制を導入し，保険料率は現行の17.35％から13.58％まで引き下げられる。

2) 保険料の負担および納付義務

保険料は，被保険者と事業主がそれぞれ半額負担し，事業主が両方の負担分を納付する義務を負う（法82条）。被保険者が同時に2以上の事務所等に使用される場合における各事業主の負担部分は，それぞれの事業所における報酬月額を合算して得た標準月額に保険料率を乗じて得た額の1/2をそれぞれの事業所の報酬月額で按分比例した額である（法82条3項，施行令4条）。

保険料は，次に掲げる場合には，納期前であっても，すべて徴収することができる（法85条）。

① 納付義務者が，次のいずれかに該当する場合

　ア）国税，地方税その他の公課の滞納によって，滞納処分を受けるとき

　イ）強制執行を受けるとき

ウ）破産の宣告を受けるとき
　　　エ）企業担保権の実行手続の開始があったとき
　　　オ）競売の開始があったとき
　② 法人たる納付義務者が，解散をした場合
　③ 被保険者の使用される事業所が，廃止された場合
　④ 被保険者の使用される船舶について船舶所有者の変更があった場合，または当該船舶が滅失し，沈没し，もしくはまったく運行に耐えなくなるに至った場合

3）　**保険料の納付**

　事業主は，被保険者（事業主が同意した高齢任意加入被保険者を含む）の負担分，および自己の負担分をあわせて，翌月末日までに，納付しなければならない（法82条2項，83条1項附則4条の3第7項）。

　事業主は，被保険者に対して通貨をもって報酬を支払う場合においては，被保険者の負担すべき前月分の保険料を報酬から控除することができる（法84条1項）。なお，被保険者がこの事業所または船舶に使用されなくなった場合には，前月分およびその月分の保険料を報酬から控除することができる（同条1項）。この場合には，事業主は，計算書を作成し，その控除額を被保険者に通知しなければならない（同条2項）。

　第4種被保険者および船員任意継続被保険者は保険料の全額を負担し，自分でこれを毎月10日までに納付しなければならない（昭和60年改正法附則80条3項・4項，旧厚生年金保険法83条1項）。また，第4種被保険者および船員任意継続被保険者は，将来の一定の保険料を前納することができる（旧厚生年金保険法83条の2）。

　事業主の同意を得ていない高齢任意加入被保険者は，保険料の全額を負担し，自分でこれを納付する義務を負う（法附則4条の3第7項）。

　保険料の額は，保険者が被保険者につき決定された標準報酬月額に基づき計算され，事業主に告知することとされている（会計法6条）。

告知された保険料に誤りがあったとき，またはその超過した部分は，誤った告知をした月または誤払込みを受けた月後6ヵ月以内の期間内に払い込まれる保険料に納入の告知または納付をしたものとみなすことができる（法83条2項・3項）。これを保険料の過納充当という。

4) **保険料の滞納**

保険料の滞納があったときは，保険者は，納付義務者に納入期限を指定した督促状を発して，督促しなければならない（法86条1項・2項）。

督促がなされたときは，原則として保険料額（1000未満の端数は切り捨て）につき年率14.6％の割合で，納期限の翌日から保険料完納または財産差押えの日の前日までの日数によって計算した延滞金が徴収される（法87条）。保険料額の一部につき納付があったときは，当該額を控除した額とされる。

なお，延滞金は次に該当する場合，または，滞納につきやむをえない事情があると認められるときは徴収されない。

① 保険料額が1000円未満であるとき。
② 納期を繰り上げて徴収するとき。
③ 納付義務者の住所もしくは居所が国内にないため，またはその住所および居所がともに明らかでないため，公示送達の方法によって督促したとき。

督促状に指定した期限までに保険料を完納したとき，または延滞金の計算により計算した額が100円未満のときは，徴収されない。また延滞金の額の100円未満の端数は切り捨てられる。

督促状に指定された期限までに保険料を納付しないときは，社会保険庁長官は国税滞納処分の例によりこれを処分し，または市町村に対してその処分を請求することができる（法86条5項）。

5) **育児休業中の厚生年金保険料の免除**

1995（平成7）年4月より，育児休業法による育児休業をしている厚生年金保険の被保険者が，社会保険庁長官に申し出をした場合に，その申し出をした日の属する月からその育児休業が終了する翌日が属する月の前月までの期間に

ついての保険料の本人負担分が免除される（法82条の2）。なお，2000（平成12）年4月1日からは，この期間の事業主の負担分も免除されることになった。

なお，この本人負担分が免除された期間については，保険給付の額等の計算に際しては，保険料を納付した期間と同様に扱われる。

6） 特別保険料

1994（平成6）年改正により，新たに賞与等を算定基礎として特別保険料を徴収することとされた。この特別保険料は，給付額への反映は行われないので，その保険料の額は賞与等の額（その額に100円未満の端数がある場合には，その端数を切り捨てた額）に10/1000を乗じて得た額とされ，事業主と被保険者が折半で負担する（法89条の2）。ちなみに，賞与等とは，賃金，給料，俸給，手当，賞与その他いかなる名称であるかを問わず，労働者が，3ヵ月を超える期間ごとに受けるものをいう。

特別保険料の納付手続は，保険料の手続が準用される（法89条の2第5項）。また，高齢任意加入被保険者の特別保険料は全額本人が負担し納付しなければならないが，事業主が同意すれば，事業主が半額負担し，本人負担分を賞与等から控除して納付できる（法附則4条の3第7項）。

4．不服申立て，時効および雑則

1） 不服申立て

行政庁の行った処分について，その取消し等を求める不服審査制度が一般に行政不服審査法に定められているが，厚生年金保険制度においては，その専門性等のゆえに，特別の不服審査制度が定められている。

(1) 審査請求および再審査請求

被保険者の資格，標準報酬または保険給付に関する処分に不服がある者は社会保険審査官に対して審査請求をし，その決定に不服がある者は，社会保険審査会に対して再審査請求をすることができる（法90条1項）。

審査請求をした日から60日以内に決定がないときは，審査請求人は，社会保険審査官が審査請求を棄却したものとみなして，社会保険審査会に対して再審

査請求をすることができる（法90条2項）。

審査請求および再審査請求は，時効の中断に関しては裁判上の請求とみなされる（法90条3項）。

(2) 保険料，徴収金に関する処分および脱退一時金に関する処分の不服申立て

保険料または特別保険料その他厚生年金保険法の規定による徴収金の賦課もしくは徴収の処分または滞納処分についての不服申立ては，初めから社会保険審査会に対して審査請求をすることができる（法91条）。

(3) 不服申立てと訴訟との関係

上記(1)または(2)の処分の取消しの訴えは，当該処分についての再審査請求または審査請求に対する社会保険審査会の裁決を経た後でなければ，提起することができない（法91条の3）。

2）時　効

保険料または特別保険料その他厚生年金保険法の規定による徴収金を徴収する権利，またはその還付を受ける権利は，2年を経過したときには時効によって消滅する（法92条1項）。

保険給付を受ける権利は，5年を経過したときには時効によって消滅する。すなわち，5年間裁定の請求を行わないときは，受給権が消滅する（法92条1項）。

年金たる保険給付を受ける権利の時効は，その全額が支給停止されている間は進行しない（法92条2項）。なお，保険料または特別保険料その他の徴収金についての納入の告知または督促は，時効中断の効力を有する（法92条3項）。

3）雑　則

(1) 戸籍事項の無料証明

市町村長は，社会保険庁長官，地方社会保険事務局長，社会保険事務所長または受給権者に対し，市町村条例の定めるところにより，被保険者，被保険者であった者または受給権者の戸籍に関し，無料で証明を行うことができる（法95条）。

(2) 証明義務

事業主は，被保険者，被保険者であった者またはこれらの者の遺族から厚生年金保険に関する書類について証明を求められたときは，速やかに，正確な証明をしなければならない（法附27条）。

(3) 受給権者に対する調査

社会保険庁長官は，必要があると認めるときは，年金たる保険給付の受給権者に対して，その者の身分関係，障害の状態その他受給権の消滅，年金額の改定もしくは支給の停止に係る事項に関する書類その他の物件の提出を命じ，または当該職員をしてこれらの事項に関し受給権者に諮問させることができる（法96条）。

(4) 診　断

社会保険庁長官は，必要があると認めるときは，障害等級に該当する程度の障害の状態にあることにより，年金たる受給権を有する者，または老齢厚生年金の加給年金額の対象となる障害の状態にある子に対して，その指定する医師の診断を受けることを命じ，または当該職員をしてこれらの者の障害の状態を診断させることができる（法97条）。

5．厚生年金基金および厚生年金基金連合会

厚生年金保険は政府が管掌する保険であるが，その例外として，厚生年金基金（以下，基金という）は，一定の要件のもとに適用事業主とその被保険者とで組織される老齢給付を行うことを目的とする（法106条）。また，厚生年金基金は，年金給付を行うほか死亡・脱退一時金の支給ができる。

基金は，老齢給付の報酬比例部分の一部を国に代わって行うが，その他の保険給付については国が支給する。また，老齢給付の代行部分については，少なくとも国が行う給付水準を超えるものでなければならない（法132条2項）。

1） 厚年基金の設立

基金は，適用事業所の事業主およびその適用事業所に使用される被保険者で組織される（法107条）。基金の設立形態には，一つの企業で設立する単独設立，

同一資本系列にある企業などが設立する連合設立，同種同業の中小企業などが共同で設立する総合設立，同一地域の企業が共同で設立する地域設立がある。基金の設立は事業主および被保険者の任意であるが，単独設立では被保険者が500人以上，連合設立では800人以上，総合・地域設立では3,000人以上がいなければ設立できないこととされている（法110条，厚生基金令）。基金を設立しようとするときは，事業主は，各事業所ごとに，被保険者の1/2以上の同意を得るほか，被保険者の1/3以上で組織する労働組合があるときはその同意を得て規約をつくり，厚生大臣の認可を受けなければならない（法111条）。

事業所に基金が設立されると，当該事業所の厚生年金保険の被保険者は基金の加入員となる（法122条）。同時に2以上の基金の設立事務所に使用される被保険者は，その者の選択する一つの基金の加入員とされる。この場合の選択は，その者が2以上の基金の設立事務所に使用されるに至った日から起算して10日以内にしなければならない（法126条1項・2項）。基金の加入員は，65歳になると資格を喪失する（法65条5号）。なお，高年齢任意加入被保険者は，保険料の半額負担および納付について事業主から同意された者については，基金の加入員となる（法附則4条の4第3項）。

2） **代議員会および理事会**

基金の行う事業および管理は，労使対等で行われる（法117条3項）。基金の意思決定機関および執行機関として代議員会および理事会がおかれる（法117条1項，119条）。

代議員会は，基金の規約，毎事業年度の予算，毎事業年度の事業報告および決算などを決める議決機関である（法118条）。代議員の定数は，偶数とし，その半数は，設立事業所の事業主において設立事業所の事業主および設立事業所に使用される者のうちから選定し，他の半数は，加入員において互選する（法117条3項）。

理事会は，代議員会で決められたことを実行する執行機関で，理事は代議員のなかから互選により選出され，事業主と加入員の側で半数ずつ選出される

(法119条)。

3) 掛金

掛金の額は，政令の定めるところにより，加入員の標準給与の同額を標準として算定され，年金給付の額の計算の基礎となる毎月につき徴収される（法138条，厚年基金令33条，厚生基金則31条）。

基金の免除保険料率は，各基金における代行給付の支給に必要な代行保険料率を基準とし，厚生大臣が各基金ごとに決定した率とすることとされ，1996（平成8）年4月から当分の間，32/1000から38/1000までの7段階で決定することとされている（法81条5項，81条の2，平成6年改正法附則35条5項・6項）。

加入員および加入員を使用する設立事業所の事業主は，それぞれ掛金の半額を負担する。この場合，基金は事業主負担分について，政令で定める範囲内において，規約の定めるところにより，負担の割合を増加させることができる（法139条1項・2項）。設立事業所の事業主は，その使用する加入員および自己の負担する掛金を納付する義務を負う（同条3項）。

育児休業をしている被保険者については，保険料について基金に申し出をした日の属する月から育児休業が終了する翌日が属する月の前月までの期間について本人負担分が免除されたことに伴い，基金の代行部分の本人普通掛金についても，加入員が基金に申出をしたときには免除されることになっている（同条5項・6項）。なお，加算部分についての本人掛金の免除は，各基金の任意の取扱いとされている。

4) 基金の給付

基金が支給する年金給付は，少なくとも，加入員または加入員であった者が老齢厚生年金の受給権を取得したときに，支給されるものでなければならないものとされている（法131条1項）。また，老齢厚生年金の受給権者に基金が支給する年金給付は，老齢厚生年金の受給権の消滅理由以外の理由によって，その受給権を消滅させるものであってはならないものとされている（同条2項）。

基金が支給する年金の額は，規約により基金ごとに異なるが，少なくとも，

厚生年金保険の基本年金額のうち，基金加入員期間について再評価前の平均標準報酬月額に基づいて計算した報酬比例部分の額に，3割以上のプラスアルファをつけた額でなければならない（同条，132条）。

基金が支給する年金給付および一時金たる給付を受ける権利は，その権利を有する者の請求に基づいて基金が裁定する（法134条）。

老齢厚生年金の受給権者に基金が支給する年金給付の支払期月については，当該老齢厚生年金の支払期月の例による（法135条）。なお，年金給付の額が9万円に満たないときの支払期月は次のとおりである（厚生年金基金令28条）。

① 6万円以上9万円未満——「2月，6月および10月」の3回払い
② 3万円以上6万円未満——「6月および12月」の2回払い
③ 3万円未満——「2月」「4月」「6月」「8月」「10月」または「12月」
　　　　　　のいずれかの月の年1回払い

基金の支給する年金の額は，基金加入員期間について再評価前の平均標準報酬月額に基づいて計算した報酬比例部分の額であるから，標準報酬の再評価とスライド部分は国から支給される（法44条の2，昭和48年改正法附則5条4項・5項）。

なお，基金の在職年金については，老齢厚生年金の2割の支給を停止し，その後標準報酬月額の上昇に応じて国が支給する部分（本体年金）優先で一定額が停止され，基金の側では当該代行部分の2割と本体年金では支給停止しきれない部分の合計額が支給停止可能とされている（附則13条3項・4項・5項）。

なお，年金給付の額の算定方法には次の3通りがある（厚年基金令23条）。

① 加入員の基準標準給与月額に一定の率を乗じて得た額に，加入員であった期間の月数を乗ずる方法
② 前号に規定する方法に準ずる方法として厚生省令で定める方法により，加入員の基準標準給与月額および加入員であった時期を用いて算定する方法
③ 第1号または前号に規定する方法により算定する額に，規約で定める額

を加算する方法

注）基準標準給与月額とは，年金給付の額の算定の基礎となる標準給与の月額で，次のいずれかに該当するものである（厚年基金令20条）。ただし，加入員であった時期が1ヵ月であるときは，当該加入員の資格を取得した月の標準給与の月額となる。

ア）加入員であった全期間の平均標準給与の月額

イ）引き続き加入員であった一定の期間の平均標準給与の月額

ウ）年金給付を支給すべき理由が生じた月の前月（加入員でなかったときは，加入員でなくなった月の前月）の標準給与

基金は，基金則30条の規定により，当該基金の加入員の基金設立前の期間のうち当該基金が設立されていたとしたならばその者が加入員となっていたと認められる期間その他これに準ずる期間を，年金給付の額の算定の基礎として用いることができる（厚年基金令24条）。

5）　年金給付等積立金の管理・運用に関する契約の締結

基金は，年金給付および一時金たる給付に要する費用に関して，信託会社または生命保険会社と信託または保険の契約を締結し，または投資顧問業者と投資一任契約を締結しなければならないものとされている（法130条の2第1項）。

基金は，上記の投資一任契約を締結する場合においては，当該投資一任契約に係る年金給付等積立金について，信託会社と運用方法を特定する金銭信託の契約を締結しなければならない（法132条の2第2項）。

年金給付等積立金の総額が500億円以上の基金は，年金給付等積立金の管理および運用の体制について政令で定める要件に適合する旨の厚生大臣の認定を受けて，上記の掛金の累積額に相当する額について，上記の契約のほか，金融機関等と金銭信託の契約または預金・貯金の預入に関する契約を締結することができるものとされている（同条第3項）。

1996（平成8）年4月以降においては，基金は，新たに自主運用対象資産の拡大に係る契約を締結しようとするときは，資金運用の目的等を記載した基本方針を作成し，運用受託機関に対し，協議に基づき当該基本方針の趣旨に沿っ

て運用すべきことを示さなければならないこととされた（法136条の3）。
6) 合併，分割，解散
(1) 合併
　基金は，合併しようとするときは，代議員会において代議員の定数の3/4以上の多数により議決し，厚生大臣の認可を受けなければならない（法142条1項）。
(2) 分割
　基金は，分割しようとするときは，代議員会において代議員の定数の3/4以上の多数により議決し，厚生大臣の認可を受けなければならない（法143条1項）。なお，分割は，設立事業所の一部について行うことはできない（同条2項）。

　なお，基金がその設立事務所を増加させ，または減少させるには，その増加または減少に係る適用事業所の事業主の全部およびその適用事業所に使用される被保険者の1/2以上の同意を得なければならない（法144条1項）。
(3) 解散
　基金は，次に掲げる理由により解散する（法145条1項）。なお，ア）またはイ）の理由により解散しようとするときは，厚生大臣の認可を受けなければならない（同条2項）。

　ア）代議員の定数の3/4以上の多数による代議員会の議決

　イ）基金の事業の継続の不能

　ウ）厚生大臣の解散の命令
7) 厚生年金基金連合会
　厚生年金基金連合会は，年金給付の支給に関する義務を承継している中途脱退者および解散基金加入員に係る年金給付の支給を共同で行うために設けられた公法人で，厚生年金基金の場合と同様に政府が行う厚生年金保険事業の一部を代行している（法149条1項，150条1項）。

　厚生年金基金連合会は，全国を通じて1個とされている（法149条2項）。

中途脱退者とは，基金の加入員の資格を喪失した者（当該厚生年金基金の加入員の資格喪失した日において，当該厚生年金基金が支給する年金給付の受給権を有する者を除く）であって，加入員期間が15年に満たないものをいう（法160条1項カッコ書，基金令50条1項）。

解散基金加入員とは，厚生年金基金が解散した日において，当該厚生年金基金が年金給付の支給に関する義務を負っていた者をいう（法147条4項カッコ書）。

(1) 連合会の設立

厚生年金基金連合会は，5以上の厚生年金基金が共同で規約を作り，厚生年金基金の2/3以上の同意に基づき，厚生大臣の認可を受けて設立される（法152条1項・2項）。

(2) 連合会への加入

厚生年金基金の連合会への加入は任意であるが，厚生大臣は，厚生年金基金が行う事業の健全な発展を図るために必要があると認めたときは，厚生年金基金に対し，厚生年金基金連合会に加入することを命ずることができる（法152条4項）。

(3) 連合会の機関等

厚生年金基金連合会には議決機関として評議員会が置かれ，執行機関として理事，監査機関として監事が置かれる（法155条・157条）。

(4) 連合会の業務

厚生年金基金連合会の業務は，中途脱退者および解散基金加入員に対する年金給付および一時金たる給付を行う事業等（法159条）を行うとともに，厚生大臣の認可を受けて，その業務の一部を信託会社・生命保険会社その他政令で定める法人（指定法人）に委託することができる。

(5) 受給権の裁定

厚生年金基金連合会が支給する中途脱退者および解散基金加入員の年金給付および一時金たる給付の受給権の裁定は，厚生年金基金連合会が行うものとさ

れている（法163条）。

(6) 契約の締結

厚生年金基金連合会の年金給付等積立金の積立および管理運用に関する契約の締結については，厚生年金基金の場合と同じである（法159条の 2 ）。

(7) 中途脱退者に係る措置

基金は，連合会に申し出て，中途脱退者の加入員であった期間に係る年金給付の支給に関する義務を移転することができ（法160条 1 項），連合会は，この申し出を拒絶できないものとされる（法160条 2 項）。なお，基金は，義務の移転を行う場合には，連合会に対して，中途脱退者に将来支給すべき年金給付の現価相当額を交付しなければならない（法160条 3 項）。

(8) 解散基金加入員に係る措置

連合会は，基金が解散したときには，解散基金加入員に係る責任準備金相当額を当該基金から徴収する（法162条の 3 ）。

第 4 節　共済組合等

共済組合は国民年金の基礎年金の上乗せ給付として，退職，障害および死亡した場合に年金等を支給する制度である。共済組合等には，①国家公務員共済組合，②地方公務員等共済組合，③私立学校教職員共済，④農林漁業団体職員共済組合の 4 つがある。

1．国家公務員共済組合

1 ）　目　的

被保険者である組合員（国家公務員）と使用者である国とが所定の保険料を分担拠出し，組合員またはその被扶養者について所要の保険事故が発生した場合に，所定の保険給付を行うことによって，組合員およびその遺族の生活の安定と福祉の向上を図るとともに，当該国家公務員の職務の能率的運営に資することを目的とする。（法 1 条）。なお，国家公務員等共済組合法に包含されていた旧三公社の共済組合（日本たばこ産業共済組合，日本鉄道共済組合，日本電信電

話共済組合）が1997（平成9）年4月から厚生年金保険に統合されたことに伴い，その名称が「国家公務員等共済組合法」から「国家公務員共済組合法」に改められた。

2）　保険給付

保険給付としては，保健給付，休業給付，災害給付，退職給付，障害給付および遺族給付の6つがある。保健給付，休業給付および災害給付を短期給付という（法51条）。それは，これらの給付は，保険事故の発生および給付が組合員の加入期間とほぼ無関係に発生し，毎年度の支出は，毎年度の収入で賄われるように保険料が計算されるからである（法99条1項1）。これに対して，退職給付，障害給付および遺族給付を長期給付という（法72条）。それは，保険事故の発生および給付が組合員の加入期間によって左右され，その給付に要する費用は，長期にわたって収支の均衡が図られるよう保険料が計算されるからである（法99条1項2）。短期給付は，全組合員に適用されているが，長期給付は，長期勤続を通常前提としない常勤の委員会の委員等については適用されない（法72条2項）。

以上の短期給付事業及び長期給付事業のほか，組合員および被扶養者のために，保険事業，病院，診療所の経営，組合員のために宿泊所，保養所等の経営，貯金の受入れ，臨時の支出に対する貸付け，生活必需物資の供給等の福祉事業を行っている（法98条）。つまり，共済組合制度は，組合員のための短期給付，長期給付及び福祉事業を総合的に運営する社会保険制度であるということができる。なお，国家公務員の公務上の災害に対する補償については，国家公務員災害補償法がある。

共済組合は，以上の事業のほか，組合員である勤労者の生活の安定を図り，国民経済の健全な発展に寄与することを目的とした，いわゆる，勤労者財産形成促進の事業等も事業主に代わり行うことができることとされており，現在住宅資金の転貸融資事業を行っている。

3） 共済組合の設置

　共済組合は，一般の労働者に適用される健康保険法と厚生年金保険法とを合わせたようなもので，短期給付（医療保険）および長期給付（年金保険）の2種類の保険給付のほか福祉事業を行っており，原則として各省庁ごとにその所属する職員をもって組織する共済組合を設置することとされている。ただ，例外として，一定の職域の職員については，その職員を1単位として，その所属する単位ごとに一つの共済組合を設置することができることとされている。この例による共済組合としては，防衛庁，防衛施設庁，刑務，印刷局，造幣局，厚生省第2および林野庁の各共済組合がある（法3条）。

　共済組合は，それぞれ独立に短期給付の事業を行い，長期給付および福祉事業は，国家公務員共済組合連合会で行われることとなっている。しかし，共済組合においても，福祉事業を行うことはできるとされており，各共済組合は，連合会とは別に，福祉事業を行っている。なお，既述したように，1997（平成9）年4月から，JR，JT，NTTの各共済組合の長期給付事業は厚生年金保険に統合され，短期給付事業はそれぞれに設立される健康保険組合が行うこととなった。

4） 事業の財源

　共済組合または連合会の行う事業の固有の財源は，短期給付（老人保健拠出金および退職者給付拠出金を含む。）および長期給付（基礎年金拠出金を含む）のための保険料（掛金および特別掛金並びに負担金）収入並びにその運用収入を主とする。福祉事業の財源も，保険料収入およびその運用収入が財源となっているか，長期給付のための積立金にも依存している（法99条）。組合員の保険料は，毎月標準報酬を基に給付から控除される掛金と期末手当等から控除される特別掛金，使用者としての国が負担する負担金で構成されている。その負担割合は，掛金および特別掛金50/100，国の負担金50/100となっている（法99～102条）。

2. 地方公務員等共済組合
1) 目 的

地方公務員法は、共済制度を法律によって定めることを明らかにしているが(法43条)、そのための法律として地方公務員等共済組合法(昭和37年法152条)が制定された。この法律は、地方公務員の病気、負傷、出産、休業、災害、退職、障害もしくは死亡またはその被扶養者の病気、負傷、出産、死亡もしくは災害に対して給付を行うため、相互救済を目的とする共済組合制度を設け、所定の給付および福祉事業に関して必要な事項を定め、もって組合員またはその遺族の生活の安定と福祉の向上を図るとともに、公務の能率的運営に資することを目的とする社会保険制度である。また、この法律は地方議会議員共済会・地方団体関係団体職員共済組合の年金制度等についても規定している(法1条)。なお、地方公務員の公務上の災害に対する補償については、地方公務員災害補償法が対応する。

2) 共済組合およびその連合会

法律に基づく共済制度を運用し、実施する主体は共済組合である。共済組合は、常時勤務することを要する地方公務員(以下、職員という)を組合員として組織する団体であり、公法人である(法4条)。職員は、職員となったときから共済組合の組合員となり、職員が死亡または退職したときには、その翌日から組合員の資格を失う(法39条)。

共済組合は、都道府県の職員については主としてその職種の区分により、市町村の職員については主としてその属する市町村の区分により、それぞれ別個の共済組合を組織することとされ、①都職員共済組合、②地方職員共済組合(道府県職員を対象)、③指定都市職員共済組合、④都市職員共済組合、⑤市町村職員共済組合、⑥警察共済組合、⑦公立学校共済組合の別がある(法3条)。これら共済組合のうち、④の都市職員共済組合、および⑤の市町村職員共済組合は、そのすべての組合をもって全国市町村職員共済組合連合会(以下、市町村連合会という)を置かなければならない(法27条1項)。この連合会は、個々

の共済組合に必要な助言や指導を行い，災害給付の円滑な実施を図るために各共済組合からの振込金で災害給付積立金を設け，必要に応じてその資金を共済組合に交付することを業務とする法人である（法27条2項・3項，36条）。市町村連合会が定款，運営規則，事業計画および予算を定めなければならないこと，役員，事務局等所要の機関が置かれることは，ほぼ共済組合の場合と同じである，また各共済組合の財政の調整を行い，地方公務員全体の年金財政の安定を図ることを目的とする法人として地方公務員共済組合連合会が組織される（法38条の2）。この連合会は，各共済組合の長期給付について専門的な助言や指導を行い，各共済組合が長期給付に充てるべき積立金のうちから払い込んだ長期給付積立金を管理する（法38条の2，38条の8）。

3） **保険給付**

　保険給付は，国家公務員共済組合と同じ種類の内容である短期給付と長期給付を行う。すなわち，保健給付，休業給付，災害給付，退職給付，障害給付および遺族給付の6つがある。保健給付，休業給付および災害給付を短期給付といい，これに対して，退職給付，障害給付および遺族給付を長期給付という。これらの短期給付事業および長期給付事業のほか，共済組合および市町村連合会は，国家公務員共済組合と同様に，組合員および被扶養者のための種々の福祉事業を行うことができる。共済組合および市町村連合会が福祉事業を行うに当たっては，他の共済組合と共同していく等，総合的に行われるよう配慮しなければならないこととされている（法42〜112条）。年金額の計算については，組合員期間の計算の基礎となる各月の掛金の標準となった給料の額に政令で定める補正率を乗じて得た額の平均額を「平均給料月数」とし，この平均給料月数を基礎として計算することになっている。この場合の補正率は，厚生年金保険や国家公務員共済組合の平均標準報酬月額との均衡を考慮して，公務員の給料と諸手当（期末・勤勉手当等を除く）の平均的な割合とすることとされており，具体的には政令で定められている。

4）費用負担

　共済組合が給付を行うために要する費用は，短期給付に要する費用と長期給付に要する費用を区分して計算する。短期給付に要する費用は，組合員の掛金50/100，雇用主としての地方公共団体の負担金50/100で賄われる。長期給付に要する費用は，組合員の掛金50/100，地方公共団体の負担金50/100，ただし，公務により給付事由の発生した給付に要する費用については地方公共団体の負担金100/100で賄われる。福祉事業に要する費用は，組合員の掛金50/100，地方公共団体の負担金50/100で賄われる。その他，組合の事務に要する費用は，地方公共団体の負担金100/100で賄われる（法113条）。

3．私立学校教職員共済

1）目　的

　私立学校教職員共済組合は，私立学校教職員の相互扶助事業を行い，その福利厚生を図り，もって私立学校教育の振興に資することを目的とし（法1条），1954（昭和29）年1月に設立された。私立学校教職員共済組合は日本私学振興財団と統合し，1998（平成10）年4月にその名称が私立学校教職員共済に改められ，そのいっさいの資産・義務は同年1月1日から発足した日本私立学校振興・共済事業団に継承された。私立学校教職員組合法が私立学校教職員共済法に改まったため，なじみのある組合員という名称が「加入者」に変わった。加入者は，「私立学校法第3条に定める学校法人，同法第64条4項の法人又は組合のいずれかに使用される者で，学校法人等から給与を受けるもの」である。ただし，①船員保険の被保険者，②専任でない者，③臨時に使用される者，④常勤に服しない者は除かれる（法14条）。

2）給　付

　私立学校教職員共済は，国家公務員共済組合などと同様，加入者の病気，負傷，出産，死亡，休業もしくは災害または被扶養者の病気，負傷，出産，死亡若しくは災害に関する短期給付，加入者の退職，障害または死亡に関する長期給付を行う（法20条）。なお，これらの給付の要件，算定方法などは他の共済

組合と同様である，また私立学校教職員共済は，加入者および被扶養者のために，①保健事業，②組合員のための宿泊所，保養所などの経営，③加入者の利用に供する財産の所得，管理又は貸付，④貯金の受入れまたはその運用，⑤臨時の支出に対する貸付け，⑥生活必需物資の供給などの福祉事業を行う（法26条）。このうち，保健事業は加入者と被扶養者の健康保持・増進および日常生活の援助を目的として，①人間ドックの費用補助，②郵送検診，③健康相談の委嘱，④介護相談，⑤祝金，見舞品等の贈呈，⑥海外研修旅行の企画・後援，⑦百貨店・専門店などの利用，⑧宿泊施設・厚生施設・スポーツ施設の利用補助などを行っている。

3) 財源

私立学校教職員共済の財源は，掛金および国庫負担金並びに日本私学振興財団の助成金から成っている。掛金率は，短期給付が84.5/1000，長期給付が133/1000，計217.5/1000で，これを加入者とその加入者を使用する学校法人などで折半負担する（法28条1項）。しかし，学校所在の都道府県から補助がなされた場合は，その分，掛金率が減額される。なお，国は基礎年金拠出金の1/3，国民年金発足の昭和36年4月前の組合員期間に係る給付費分と国民年金嵩上げ相当分の1/4，事務費の一部を補助する。

4. 農林漁業団体職員共済組合

1) 目的

農林漁業団体職員共済組合は，農業協同組合，森林組合，水産業協同組合などの農林漁業団体の職員の相互扶助事業を行い，農林漁業団体の事業の円滑な運営に資することが目的である（法1条）。1959（昭和34）年1月に設立された。組合員は，農林漁業団体職員共済組合法第1条に定める法人および農林漁業団体職員共済組合に使用される者で，農林漁業団体等から給与を受ける者すべてである（法14条）。

2) 長期給付

農林漁業団体職員共済組合は，他の共済組合と異なり，長期給付のみを行う。

医療給付など短期給付に相当するものは健康保険の適用を受ける。農林漁業団体職員共済組合の行う事業は，退職給付，障害給付および遺族給付の長期給付事業のほか，①組合員の保健および保養のための施設の経営，②組合員の利用に供される財産の所得，管理または貸付け，③組合員の臨時の支出に対する貸付けなどの福祉事業を行っている（法19・53条）。なお，長期給付の内容である給付の要件，算定方法などは，国家公務員共済組合など他の共済組合のそれと同様である。

3） 長期給付の財源

農林漁業団体職員共済組合の長期給付および基礎年金拠出金に要する費用の財源は，掛金および国庫補助金並びに（社）全国農林漁業団体振興会の助成金である。掛金率は標準給与月額の194.9/1000で，これを組合員およびその組合員を使用する農林漁業団体等が折半負担する（法55条）。なお，農林漁業団体は自己およびその使用する組合員の負担する毎月の掛金を，翌月の末日までに農林漁業団体職員共済組合に納付する義務を負う（法56条1項）。また，農林漁業団体職員共済組合は，毎月に徴収する掛金のほか，その業務に要する費用（国民年金法の規定する基礎年金拠出金の納付に要する費用を含む。）に充当するため，特別掛金を徴収する（法61条の2）。なお，国は基礎年金拠出金の1/3，昭和36年4月前の組合員期間に係る給付に要する費用相当額の19.82%（財源調整費の1.82%を含む），国民年金の優遇加算相当額の1/4，事務費の一部を助成している。

第5節 公的年金の課題

厚生年金の報酬比例部分の給付水準の5%適正化等を内容とする年金制度改正法が2000（平成12）年3月28日に成立，一部については4月1日から施行されている。今回の制度改正の主な目的は，将来世代の負担を無理のない範囲に抑え，年金制度が将来にわたり安定して国民の老後を支え続けられるようにすることにあった。このため，高齢化のピーク時でも，厚生年金の保険料率を年

収の2割(本人負担1割)程度に止め,将来世代の加重な負担を防ぐとともに,給付総額の伸びを抑制するため,厚生年金の報酬比例部分の支給開始年齢の段階的引上げや65歳以降の年金額についての賃金スライドの停止などの措置を併せて,厚生年金の給付水準の適正化を図りつつ,将来にわたって,年金を受け始める時点で,基礎年金(夫婦2人分)と合わせて現役世代の手取り年収の概ね6割の給付水準を確保することを基本的な考え方とした。以下では,今後に残された課題を略述しておきたい。

1. 次期制度改正への検討

基礎年金の国庫負担割合の1/2への引上げや,保険料引上げの凍結の解除,女性の年金などが検討課題とされている。

国庫負担の引上げについては,既述したように,当面,2004(平成16)年までに1/2への引上げを図るものとされているが,必要とされる財源をいかに確保するかが大きな課題である。

また,今回の改正では,厚生年金の保険料率(17.3%)と国民年金の保険料(月額1万3300円)がともに引上げを見送り据え置くこととされたが,これら保険料引上げの凍結は将来世代への負担の先送りとなることから,できるだけ短期にとどめることが望ましく,国庫負担の引上げと,保険料引上げの凍結解除を行う時期については,同時とすることを基本とすべきである。

第3号被保険者制度,遺族年金や離婚時の取扱い,年金制度の個人単位化などの女性の年金をめぐる問題については,女性の社会進出や人生設計の多様化,家族や就業形態の変化をふまえ,制度全体にわたる検討が必要である。

2. 農林漁業団体職員共済の厚生年金への統合

公的年金制度はいくつかの制度が分立しているが,基礎年金の導入により,いわゆる一階部分については,将来の就業構造の変化に対応することが可能となっている。被用者年金の二階部分についても,1997(平成9)年度から旧三公社の共済年金が厚生年金保険に統合されたが,農林漁業団体職員共済(以下,農林共済とする)の厚生年金保険への統合は未だ実現していない。

農林共済については，今後，受給者の増加が見込まれる一方で，農協組織の再編に伴い，共済加入者の減少が見込まれている。このため，農林共済は厚生年金への早期統合を要望しているところであるが，1996（平成8）年の閣議決定では，構成団体の組織整備の進展が制度基盤に与える影響や将来の財政見通しなどについて分析を行ったうえで検討を行うこととされている。農林共済を含む被用者年金制度の再編・一元化については，各制度の利害が絡むだけに困難な問題が伴うが，産業構造や就業構造の変化に起因する成熟度（受給者／適用者）の差は個別の年金制度の努力で解決できる問題ではないので，公的年金制度の長期的な安定と制度間の公平性を確保するという観点から，被用者年金制度を共通する厚生年金部分に着目して統合していく方向で改革することが望まれる。

3．「空洞化」問題

現在，国民年金に加入していない未加入者や保険料納付者の存在が問題となっており，「国民年金の空洞化」問題がクローズアップされている。国民年金の保険料納付対象者の1/3以上が保険料を納付していないといわれており，彼らは将来，無年金者となる可能性が大きいため，その対応策に取り組むことが重要な課題となっている。

こうした「空洞化」は，法人組織であれば強制加入が建前のはずの厚生年金保険においてもみられる。事実，不況や保険料負担の増加もあって，厚生年金が適用される事業所は減っている。適用事業所数は1998（平成10）年度，戦後初めて減少に転じ，前年度より2万ヵ所近く減って約169万ヵ所になった。保険料負担に耐えきれない企業が雇用を減らし，さらに厚生年金から逃げ出せば，少子化だけではなく，企業の脱退という形でも，厚生年金を支える現役世代が減り，制度に対する信頼は今以上に揺らぐことになる。

ところで，公的年金制度の保険料は，少子高齢化の進展と制度の成熟化に伴って急激な負担増が予測され，1997（平成9）年1月に公表された新人口推計に基づく試算によると，厚生年金の最終保険料率は月収の34.3％に，国民年金

の最終保険料は月額2万4300円（平成6年度価格）に上昇するものと見込まれ，いずれも現在のほぼ2倍程度になるとみられている。しかし現在でも，保険料の徴収が容易でないことを考えると，これ以上の保険料の引上げは「空洞化」を一層促進することになりかねない。

　保険料（率）の引上げを極力抑えるには，年金給付水準を下げて支出を抑制するのでない限り，保険料以外の財源を強加するしかない。具体的には，国庫負担の引上げであるが，これについては，4年後の2004（平成16）年までの間に基礎年金の国庫負担率を1/3から1/2へ引上げることになっている。これは保険料の値上げを抑えて「空洞化」の進行を抑制する点で評価できる。いずれにせよ，公的年金制度が老後の所得保障の基盤としての役割を果たしていくためには，財源の負担者である現役世代の所得水準との均衡を配慮しつつ，適切な給付水準が確保されなければならないだろう。

参考文献
- 厚生統計協会編『保険と年金の動向』厚生統計協会　1997年
- 健康保険組合連合会編『社会保障年鑑』東洋経済　1999年
- 社会保障入門編集委員会編『社会保障入門』中央法規出版　1999年
- 社会保険広報社編『社会保険委員必携』社会保険広報社　1999年
- 社会・労働保険実務研究会編『社会保険・労働保険の実務百科』清文社　2000年
- 厚生省社会・援護局監査指導課編『社会保障の手引』社会福祉振興・試験センター　1999年
- 加藤実『公的年金』同友館　2000年
- 古賀昭典編著『社会保障論』ミネルヴァ書房　1997年
- 一圓光彌『社会保障論』誠信書房　1997年
- 山崎泰彦『明解・年金の知識』経済法令研究会　1998年
- 福祉士養成講座編集委員会編『社会保障論』中央法規出版　1999年
- 社会保険広報社編『社会保険の実務』社会保険広報社　2000年

第2章　労働者災害補償保険

わが国の労働者災害補償制度は，官営工場労働者に対する1875（明治8）年の「官役人夫死傷手当規則」を起源とする。民間労働者については，1890（明治23）年の「鉱業条例」の救恤規定に始まり，1911（明治44）年の「工場法」で一般化した。

その後，1922（大正11）年にわが国最初の社会保険である「健康保険法」が成立（1927年施行）したが，同法は業務外の傷病と業務上の災害をともに保険事故とする制度であった。このように医療保険と業務災害保険とを一つの制度に取り入れたのは，ドイツの疾病保険法（1883年）にならってのことである。そして1931（昭和6）年には，土木建設業に従事する屋外労働者を対象とする「労働者災害扶助法」および「労働者災害扶助責任法」が制定されたが，その責任の内容は扶助の責任であり，雇い主の補償責任ではなかった。

第2次世界大戦後の1947（昭和22）年4月に「労働基準法」と「労働者災害補償保険法」（以下，「労災保険法」という）が同時に公布され，労働基準法の第75条の使用者の補償責任を担保するものとして労災保険制度が施行された。すなわち，労働者の業務上の災害については，事業主は労働基準法に基づく災害補償責任を負っているが，同法の災害補償に相当する労災保険給付が行われる場合には，この責任は免除され，労災保険が実質的に事業主の災害補償責任を担保する役割を果たすこととなった。

第1節　労災保険の仕組み

1．目　的

労災保険の目的は，業務災害または通勤災害により稼得能力を損失した被災労働者に対し，迅速かつ公正な保護をするための必要な保険給付を行うとともに，被災労働者の社会復帰の促進，被災労働者とその遺族の援護，適正な労働

条件の確保などにより，労働者の福祉の増進に寄与することにある（法1条）。なお，労災保険の保険者は政府（国）で，その現業事務を取扱う出先機関は，都道府県労働局，労働基準監督署である（法2条）。

2．適用事業・適用労働者と特別加入

労働者を使用する事業は，すべて労災保険の適用事業となる（法3条）。ただし，農林水産業の使用労働者が5人未満の個人経営の事業では，労災保険の強制適用事業としないものとされている。これらの事業を暫定任意適用事業といい，これらの事業が労災保険に加入するには，申請して政府の承認を受けなければならない。

労災保険の対象となる労働者とは，労働基準法第9条に規定する労働者をいい，「職業の種類を問わず，適用事業所に使用される者で，賃金を支払われる者」である。したがって，正社員，臨時社員，パートタイマー，アルバイト等の雇用形態の如何を問わない。問題になるのは，会社の重役，委任を受けて業務を行う者が労働者に当たるか否か，出向社員がいずれの事業の労働者であるか等であるが，いずれも，実質的な使用従属関係（労働関係）があるか否か，あるいは，どの事業と使用従属関係にあるかによって判断される。

労災保険は，労働者の災害に対する保護を目的とする制度であるので，事業主・自営業者・家族従事者などの災害の保護は，本来労災保険の対象とならない。また法の適用についても国内の労働者に限られている。ところが，事業主・自営業者といわれる者も，労働者と同じように仕事をし，同じように業務災害や通勤災害を被る可能性がある。また海外の事業所に派遣された労働者についても，国外においての災害補償が十分でない現状がある。このような事情にある者に対しては，労災保険に特別に加入する制度を設けて，労働者に準じて労災保険の保護の対象とすることとしている（法28～30条）。

なお，国家公務員，地方公務員（現業の非常勤職員を除く）および船員保険法の適用を受ける船員については，労災保険の適用がない。これは，これらの者については，それぞれ，国家公務員災害補償法，地方公務員災害補償法，船

員保険法等に基づく特別の災害補償制度により，それぞれの災害について保護が与えられているからである。

3. 費　用

労災保険に要する費用は，労働保険の保険料の徴収に関する法律の規定によって徴収される労働保険料によって賄われている。労災保険事業に係る労働保険料は，労災保険制度が使用者の無過失損害賠償責任に基礎を置いていることから，事業主の全額負担とされている。通勤と業務の密接な関連性，通勤災害の性格，労使の社会的立場等を考慮して，通勤災害に関する保険給付等に要する費用も，事業主全体が負担することとし，保険料は業務災害と同様に，労働保険徴収法により政府が徴収することになっている（労働保険徴収法15条）。

労災保険料率は，事業の種類ごとに，過去の災害発生率などを考慮して，53業種について，最高134/1000（木材伐出業他）から最低6/1000（その他の各種事業他）まで31等級に分けて定められており，これを賃金総額に乗じたものが保険料である。このうち，1/1000については通勤災害に係る分とされている。なお，労働災害防止の努力を促進しようとする趣旨から，中規模以上の事業については，同じ種類の事業であっても，過去3年間の災害発生率・保険給付額に応じて保険料率・保険料額を一定の範囲内で上下させるメリット制が採用されている（労働保険徴収法12条3）。

4. 労働災害補償保険審議会

労災保険事業の運営に関する重要事項（たとえば，法令の改廃，予算，決算，保険料率の決定等）を審議するため，労働者災害補償保険審議会が置かれる（法4条1項）。

この審議会は，労働大臣が，労働者，使用者および公益を代表する者について，各々6名ずつの同数を委員（計18名）として委嘱して行われる（法4条2項）。

第2節　業務災害と通勤災害

1．業務災害
1）業務災害の定義

業務災害とは，業務上の事由による労働者の負傷，疾病，障害または死亡（以下，傷病等という）をいう。業務上の事由によるとは，業務と傷病等との間に相当因果関係が存在することである。この相当因果関係を業務起因性という。労働契約に基づいて，事業主の支配下（指揮命令下）にある状態である業務遂行性といい，労働災害は，この状態において傷病等が発生したものである。

業務上の傷病等と認められるためには，その傷病等に業務起因性が成立していなければならない。業務起因性が成立するためには，その前提として業務遂行性が認められなければならない。換言すれば，「業務遂行性なくして，業務起因性なし」ということである。業務災害の認定は，業務遂行性と業務起因性の2要件によって認められる2要件主義がとられている。

2）業務上の負傷

業務遂行性および業務起因性の可否の判断は，個々の具体的事例ごとに妥当性の判断をすることになる。

(1) 事業主の支配下・施設管理下・業務従事中の場合

事業主の支配下とは，業務につき，事業主の指揮命令を受けている状態をいう。事業主の施設管理下とは，事業主の直接の管理下にある状態で事業場施設内にあることをいう。業務従事中とは，作業中や業務付随行為で事業主の支配下・施設管理下と相まって業務遂行性が認められることになる。

業務付随行為は次のとおりである。

① 緊急業務中（たとえば，突発事故における同僚の救助）
② 準備または後始末行為中（たとえば，始業前の更衣）
③ 生理的必要行為中（たとえば，用便・飲水）
④ 作業に伴う必要または合理的行為中

事業主の支配下，施設管理下で業務従事中に発生した傷病等の場合には，業務上と認めがたい事情がない限り，業務起因性が推定される。業務上と認めがたい事情とは，① 私的行為，② 恣意的行為（たとえば，いたずら），③ 天災地変（予測不可能なもの），④ 業務逸脱行為，⑤ 故意行為（たとえば，被災労働者の故意の犯罪行為，同僚労働者からの暴力行為）で，業務起因性が認められない。

(2) 事業主の支配下・施設管理下・業務従事中でない場合

労働者が事業主の支配下にあり，事業主の施設管理下にある限り，一般的には業務遂行性が認められる。ただし業務従事中でない場合に傷病等が発生した場合には，私的行為に起因するものと推定され，業務起因性は認められない。

例外的に業務従事中でなくても，災害発生が施設またはその管理に起因（たとえば，欠陥）することが証明されれば，業務起因性が認められる。この場合の例としては，次のとおりである。

① 事業場施設（たとえば，食堂，通勤専用バス，事業付属寄宿舎）の利用中

② 事業場施設内で行動中（たとえば，始業準備着手前の歩行中，休憩時間中）

(3) 事業主の支配下・施設管理下でない・業務従事中の場合

(1)の類型と異なるのは，事業主の施設管理下にないため，私的行為が介在しやすく，さらに，業務付随行為の範囲も広く解されることになる点である。しかし労働契約に基づき，事業主の命令を受けて業務に従事しているため，私的行為，恣意的行為でないかぎり，業務遂行性が認められる。この例としては出張中や赴任途中があり，業務起因性を否定すべき事情がない限り，業務起因性が認められる。

運動会・社員旅行等の行事への参加の場合，一般的には業務外災害となる。ただし，事業主の積極的な特命（たとえば，強制）を受けての運動会等の行事参加については，業務上と認められる。たとえば，慰安旅行等の場合に世話役が自己の職務として参加するものについては業務遂行性が認められる。

3) 業務上の疾病

業務上の疾病とは，業務と発生した疾病との間に相当因果関係がなければならない。業務上の疾病については，事故による疾病（災害性の疾病）と長時間にわたり業務に伴う有害作用が蓄積して発病に至る疾病（職業性の疾病）とがある。

災害性の疾病についての，相当因果関係の認定判断は，業務上の負傷の場合に準じる。職業性の疾病については，負傷の場合と異なり，その発病の原因となる有害作用の加わった時点が不明確であるため，被災労働者側からの立証が困難な場合が多いため，業務と疾病の関係を規定している。一定の業務に従事する労働者に規定の疾病が発生した場合に，事業主からの反証のない限り，相当因果関係を推定し，業務上として取り扱う。

2．通勤災害

労働者が通勤行為中に事故に会った場合，事業主の支配下でないときに発生したものであり，一般的に業務災害とは認められない。しかし現状を考えると，雇用社会において職住は離れ，通勤行為なくしては労働者からの労務提供はできないことになる。そのため，労働者が通勤行為中に事故に会うような通勤災害に対し，業務災害に準じた保護をする必要から，当初は健康保険の対象であった業務外である通勤事故を労災保険の対象として，通勤災害規定がもうけられた。通勤災害とは，通勤による負傷，疾病，障害または死亡の総称である（法7条1項2号）。

1) 通勤の定義

通勤とは，労働者が就業に関し，住居と就業の場合との間を合理的な経路と方法により往復することをいう。ただし，業務の性質を有するものは，除かれる（法7条2項）。「就業に関し」とは，往復行為が業務と密接な関連を持って行われることである。つまり，労働者が業務従事のための出勤または業務従事後の退勤の途中での被災のように，往復行為が業務との密接な関連性が認められるときは，通勤災害となる。

住居とは，労働者が就業するため居住して日常生活の拠点としている家屋等の場所である。このため，住居は会社に提出している住民票記載場所とは限らないことになる。たとえば，単身赴任中の者が借りているアパート，勤務の関係または交通ストライキ・台風等への対応のため一時的に宿泊するホテル・旅館，入院中の夫の看病のため妻が病院に寝泊まりするときの当該病院は，住居と認められる。また，単身赴任者が，家族の住む家屋との間に反復・継続が認められるとき，家族の住む家屋は住居と認められる。これらの住居との往復行為は，通勤として取り扱われる。往復行為に反復・継続性が認められるときは，被災日を含む月以前3ヵ月間について，おおむね毎月1回以上の往復行為がある場合をいう。

就業の場所とは，業務を開始または終了する場所のことである。このため，用務先と自宅との間を直行・直帰で往復する外勤業務従事の労働者に，最初の用務先が業務の開始場所で，最後の用務先が業務の終了場所になる。また，労働者全員参加で出勤扱いとなる会社主催の運動会の会場も就業の場所と認められる。

合理的な経路および方法とは，住居と就業の場所との間を往復する場合に，一般的に労働者が用いるものと認められる経路および手段等のことである。

合理的な経路の例は，次のとおりである。

① 乗車定期券に表示され，あるいは，会社に届け出ているような鉄道，バス等の通常利用する経路およびこれに代替することが考えられる経路
② 道路工事，デモ行進等の交通事由により迂回してとる経路
③ 共稼ぎ労働者が託児所・親戚等に子供を預けるためにとる経路

合理的な方法とは通常用いられる交通手段・方法のことであり，無免許運転・飲酒運転・スピード違反運転等の違法行為は認められない。通勤によるとは，通勤と傷病等との間に相当因果関係（通常の通勤行為に伴う災害発生の危険が具体化したこと）があることをいう。

通勤と相当因果関係のあるものの例を以下にあげる。これらは通勤によると

認められる。
① 通勤途中，自動車にひかれた場合
② 通勤途中，乗っていた電車が急発進・急停止のため転倒した場合
③ 通勤途中，駅構内の階段から転落した場合
④ 通勤途中，野犬にかまれた場合
⑤ 通勤途中，人通りの少ない大都市周辺の住宅散在地域を，女性労働者がひったくり・暴漢等におそわれた場合
⑥ 通勤途中，タンクローリー車の転倒等の現場を通り，流出した有毒物質を吸引して急性中毒となった場合
⑦ 通勤途中，転倒した場合

2） 逸脱・中断

　逸脱とは，通勤中において，就業または通勤とは関係のない目的で合理的な経路をそれることをいい，中断とは，通勤の経路上において，通勤とは関係のない行為を行うことをいう。

　逸脱・中断は，原則として，その逸脱・中断中はもちろん，その後の往復も通勤とされない。しかし，通勤の実態を考慮し，日用品の購入その他これに準ずる日常生活上必要な行為であって労働省令で定めるものを，やむを得ない事由により最小限度の範囲で行うために逸脱・中断をする場合は，逸脱・中断の間を除き，合理的な経路に復した後は，通勤と認められる（法7条3項但し書）。

　日用品の購入その他これに準ずる日常生活上必要な行為とは，帰宅途中で惣菜等の購入する場合，独身労働者が食堂に立ち寄る場合，職業能力開発促進法の公共職業訓練施設で行う職業訓練，学校教育法第1条に規定する学校において行われる教育訓練であって職業能力の開発向上に資するものを受講する場合，選挙の投票に寄る場合，病院・診療所で治療を受ける場合等である。やむを得ない事由によりとは，日常生活の必要から通勤の途中で行う必要があることをいう。最小限度の範囲とは，当該逸脱・中断の原因となった行為の目的達成のために必要とする最小限度の時間（たとえば，40分は不可）または距離（たと

えば，450mは可，3kmは不可）等をいう。

第3節 給付基礎日額の意義とスライド制

1．給付基礎日額

　保険給付は，労働者の稼得能力の損失を填補することを目的としている。給付基礎日額は，その稼得能力を金額で表示したものである。給付基礎日額は，休業補償給付・障害補償給付・遺族補償給付・傷病補償年金・葬祭料の算定の基礎となる（法8条）。

　休業補償給付の額で用いる給付基礎日額は休業給付基礎日額といい，年金給付の額で用いる給付基礎日額は年金給付基礎日額である（法8条の2，1項，法8条の5，1項）。

　給付基礎日額は，原則として労働基準法第12条の平均賃金に相当する額である（法8条1項）。平均賃金の算定基礎期間中に私傷病の療養のために休業した期間がある場合，その期間およびその期間中の賃金を控除して算定した平均賃金相当額を給付基礎日額とする。ただし，その計算した額が従来の計算方法による給付基礎日額を下回るときは従来の計算方法による。

　じん肺にかかった労働者の給付基礎日額は，作業転換後の医師の診断によるじん肺発生の確定日を基準とした平均賃金相当額と，作業転換前の直前3ヵ月間の平均賃金相当額とを比較し，高い方の額である。

　平均賃金相当額を給付基礎日額とすることが適当でないと認められる場合には，政府（労働省労働基準局長）が労働省令で定めるところによって算定する額を給付基礎日額とする（法8条2項）。給付基礎日額に1円未満の端数があるときは，これを1円に切り上げる（法8条の5）。

　ところで，平均賃金相当額が自動変更対象額に満たない場合は自動変更対象額を給付基礎日額とする。平均賃金相当額にスライド率を乗じた額が自動変更対象額以上のときは，平均賃金相当額を給付基礎日額とする。ただし，平均賃金相当率にスライド率を乗じた額が自動変更対象額に満たないときは，自動変

更対象額をそのスライド率で除して得た額を給付基礎日額とする。この計算で1円未満の端数が生じたときは，これを切り捨てる。この端数を切り捨てた平均賃金相当額を給付基礎日額とする。

自動変更対象額は年度ごとに変更され，10円未満四捨五入される。労働省の毎月勤労統計により，労働者の毎月の平均定期給与額の上昇・低下の比率に応じて，変更年度の7月31日までに告示し，8月1日以降変更する。ちなみに，1999（平成11）年8月1日から2000（平成12）年7月31日までの間は4290円である。

2．スライド制と年齢階層別の限度額
1）スライド制

保険給付は，現金給付（現物給付を除く）では原則として給付基礎日額によって，その給付額が算定される。スライド制は，保険給付額ではなく，給付基礎日にスライド率を乗じて得た額を新しい給付基礎日額とする方式をとっている。

スライド制とは，長期にわたって支給される給付基礎日額が算定事由発生日と現実の支給日との間に賃金水準の変動によってかい離することを回避させるために自動的に改定する制度のことである。

(1) 休業（補償）給付のスライド

四半期（1～3月，4～6月，7～9月，10～12月）ごとの平均給与額が算定事由発生日の属する四半期の平均給与額の110/100を超え，または90/100を下るに至ったことを要件とする。平均給与額とは，労働省において作成する毎月勤労統計における毎月きまって支給する給与額を基礎として算定した労働者1人当たりの給与の四半期の1ヵ月平均額をいう。

スライド率とは，平均給与額の変動率を基準として労働大臣が定める率をいう。

休業給付基礎日額の改定時期は，平均給与額が10％を超えて上昇または低下するに至った四半期の翌々四半期に属する最初の日からである。

(2) 年金給付のスライド

　算定事由発生日の属する年度（4月1日から翌年3月31日まで）の翌々年度の7月までの分として支給する年金給付については，給付基礎日額により算定した額を年金給付基礎日額とする。

　算定事由発生日の属する年度の翌々年度の8月以降の分として支給する年金給付については，支払対象月の属する年度の前年度（4月から7月までの月分については前々年度）の平均給付額を算定事由発生日の属する年度の平均給与額で除して得た率を基準として労働大臣が定めるスライド率を給付基礎日額に乗じることにより得た額を年金給付基礎日額とする（法8条の3，1項）。

　年金給付のスライド制は以下の点で休業補償給付のスライド制と異なる。

① 年金給付にかかる平均給与は労働省において作成する毎月勤労統計における労働者1人当たりの毎月決まって支給する給与額（平均定期給与額）の4月分から翌年3月分までの各月分の合計額によるものである。

② 年金給付のスライド制は，平均給与額の一定率の変動をスライドの要件にせず，完全自動賃金スライド制を採用している。

(3) 一時金のスライド

　障害補償一時金および遺族補償一時金の額の算定の基礎として用いる給付基礎額日額については，年金給付に係るスライド制を準用する（法8条の4）。

　障害補償年金差額一時金，障害補償年金前払一時金および遺族補償年金前払一時金も年金給付に係るスライド制が準用される。葬祭料については，給付基礎日額の30日分または最低保障の60日分の定率部分について遺族補償一時金と同様の措置が講じられる。

2） 年齢階層別の限度額

(1) 意　義

　給付基礎日額は，原則として労働基準法の平均賃金相当額とされ，その最低保障額である自動変更対象額は，年齢の如何にかかわらず一律とされている。

　保険事故発生時点の平均賃金相当額が将来にわたって変更がなければ，若年

齢者で被災にあった労働者は生涯にわたって低額の給付額のまま据え置かれ，扶養家族が減った高年齢者には高額の給与額となり，両者の間に不公平が生ずることになる。スライド制だけでは，その高低額に据え置かれた状態を前提に給付基礎日額が適用されるため，被災労働者の回復に対する填補として十分な給付額とならない場合もある。

そこで，長期化した休業補償給付や年金給付の算定基礎である給付基礎日額にも，年功賃金の要素を加味する必要が求められ，年齢階層別の最低限度額・最高限度額が導入された。

(2) 最低限度額・最高限度額の公示方法

最低限度額・最高限度額の公示は，毎年その年の8月1日から翌年の7月31日までの間に支給すべき事由が生じた保険給付の額の算定基礎としてもちいる給付基礎日額についての最低限度額・最高限度額を定め，その年の7月31日までに官報公示することにより行われる。

(3) 休業給付基礎日額の適用

療養開始後1年6ヵ月経過した者に対する休業（補償）給付に係る休業給付基礎日額は，傷病（補償）年金との均衡から給付基礎日額（スライド制が適用の場合は，スライド率を乗じた給付基礎日額）を下回るときは，その最低限度額，また最高限度額を上回るときは，その最高限度額となる。

年齢階層の適用基準となる被災労働者の年齢の計算は，休業（補償）給付を支給すべき事由が生じた日の属する四半期の初日（基準日という）における年齢である（法8条の2，2項）。

(4) 年金給付基礎日額の適用

年金給付基礎日額に係る年齢階層別の最低限度額および最高限度額の適用については，休業給付基礎日額の規定を準用する（法8条の3，2項）。年金給付基礎日額が休業給付基礎日額と異なる点は，以下のとおりである。

① 年金給付基礎日額には，休業給付基礎日額の要件である療養を開始して1年6ヵ月を経過した者の規定はない。支給すべき最初の月から年齢階層

別の最低限度額および最高限度額が適用となる。
② 年齢階層の適用基準となる被災労働者の年齢計算では，障害補償年金および傷病補償年金は，その年金給付を受けるべき被災労働者の8月1日における年齢をもって同日から1年間のその被災労働者の年齢とする。
③ 遺族補償年金では，その年金給付の受給権者（つまり，遺族）の年齢ではなく，死亡した被災労働者が生存しているものと仮定したときの8月1日におけるその被災労働者の年齢をもって同日から1年間のその被災労働者の年齢とする（法8条の3，2項）。

第4節　保険給付

保険給付は，業務災害に関する保険給付と通勤災害に関する保険給付の2つに区分できる。業務災害に関する給付は，図表2-1のように，休業補償給付，療養補償給付，傷病補償年金，障害補償給付，介護補償給付，遺族補償給付，

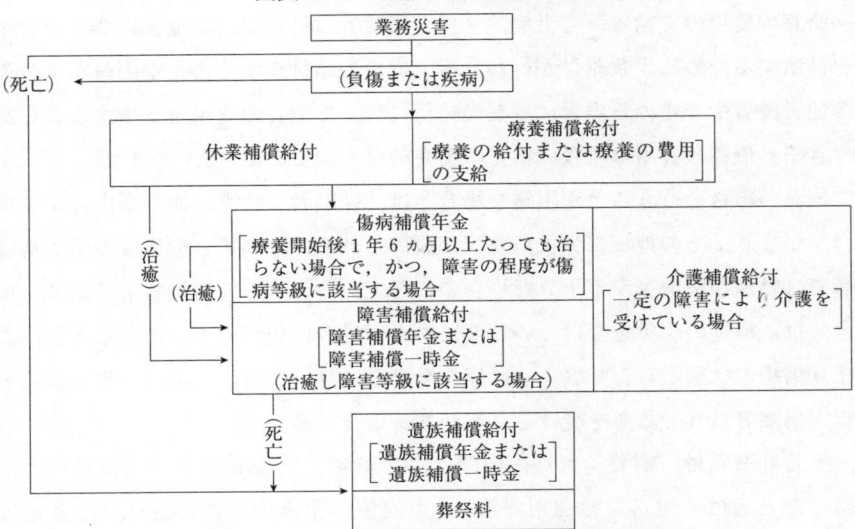

図表2-1　業務災害に関する給付

```
                    ┌─────────┐
                    │ 業務災害 │
                    └────┬────┘
                         │
   (死亡)◀──────(負傷または疾病)
      │                  │
      │    ┌─────────────┴──────────────────┐
      │    │                                │
      │  休業補償給付              療養補償給付
      │                          [療養の給付または療養の費用
      │                           の支給]
      │    │
      │    │    傷病補償年金
      │ (治癒)  [療養開始後1ヵ月6ヵ月以上たっても治
      │    │    らない場合で，かつ，障害の程度が傷
      │ (治癒) 病等級に該当する場合]      介護補償給付
      │    │                              [一定の障害により介護を
      │    │    障害補償給付               受けている場合]
      │    │    [障害補償年金または
      │    │     障害補償一時金]
      │    │    (治癒し障害等級に該当する場合)
      │    │
      │ (死亡)
      │    │    遺族補償給付
      └────┤    [遺族補償年金または
           │     遺族補償一時金]
           │    葬祭料
```

資料）労働省労働保険徴収課編『労働保険の手引』労働行政研究所　1999年　163頁

葬祭料の7種類である（法12条8）。通勤災害に関する給付にも同様に7種類の給付，すなわち，療養給付，休業給付，傷病年金，障害給付，介護給付，遺族給付，葬祭給付がある（法21条）。

1. 療養補償給付（療養給付）

療養補償給付（療養給付）は，労働者が災害による負傷・疾病について療養（治療等）を必要とする場合に行われる。療養補償給付（療養給付）には，「療養の給付」（現物給付）と「療養の費用の支給」（現金給付）の2種類の給付があるが，「療養の給付」を原則として，例外的に「療養の費用の支給」を行うこととしている（法13条，22条）。

療養の給付は，個々の負傷・疾病（傷病）につき身体機能を回復させることを目的として支給される現物給付である。そして療養の給付は，労働福祉事業の一環として労働福祉事業団が設置運営されている病院・診療所（労災病院）または都道府県労働局長の指定する病院・診療所，薬局，訪問看護事業者で行われる。

療養の費用の支給は，労災病院・指定病院等以外における療養に要した費用を補償するために現金給付が行われる。療養の給付をすることが困難な場合その他労働省令で定める場合に療養の給付に代えて療養の費用を支給することができる。療養の費用は療養の給付の補完的なものである（法13条3項）。

療養の給付を行うことが困難な場合とは，保険者（政府）側の事由による場合，つまり，その地域に労災病院等が設置されていない場合や近隣の労災病院等では特殊な医療等が不十分な場合のことである。その他労働省令で定める場合とは，療養の給付を受けないことにつき労働者に相当の理由があるとき，つまり傷病の状態からみて緊急に診療を受けなければならない場合，労災病院・指定病院等以外で診療を受ける必要がある場合である。

療養補償給付（療養給付）の範囲は，①診療，②薬剤または治療材料の支給（たとえば，包帯，輸血用血液），③処置，手術その他の治療（たとえば，注射，患部の洗浄，理学療法），④居宅における療養上の管理およびその療養

に伴う世話その他の看護，⑤病院または診療所への入院およびその療養に伴う世話その他の看護（たとえば，入院の基準は普通室，長期入院のとき必要な限度で付添看護可），⑥移送（たとえば，転医，4kmを越える通院）で，すべて政府が必要と認めるものに限って給付される。

　給付期間は，その傷病について療養を必要としなくなるまで（治癒）である。治癒とは法定治癒（医学上の治癒は被災前状態に回復する治癒）のことで，負傷にあっては創面が治癒した場合または治療効果が期待できなくなった場合等である。このため再発のときは，療養の給付を再び受けることができる。

2．休業補償給付（休業給付）

　休業補償給付（休業給付）は，労働者が業務上または通勤による傷病（負傷・疾病）による療養のため労働することができないために賃金を受けない日について支給される（法14条1，22条の2）。すなわち，休業補償給付（休業給付）が支給されるためには，①業務上または通勤による傷病の療養をしていること，②その療養のため労働することができないこと，③労働することができないために賃金を受けていないこと，の3つの要件が満たされていなければならない。

　支給期間は，休業した日の第4日目から療養のため休業を要する期間中である。休業の初日から3日間は「待期期間」といい，この期間は休業補償給付（休業給付）の支給はない。待期期間は，休業日数が継続的たると断続的たると問わず，合計日数が3日あれば完成する。この期間についての休業補償は，労働基準法第76条により事業主が行う。ただし，通勤災害については事業主に休業補償の責任はない。

　支給額は，休業日1日につき休業基礎日額の60/100に相当する額である。休業補償給付（休業給付）と併合される給付として，労働福祉事業の特別支給金（休業特別支給金）があり，この支給金の支給額は基礎日額の20/100に相当する額で，やはり休業4日目から支給される。しかし，労働者が監獄等に拘禁され，少年院に収容された場合は，休業補償給付（休業給付）は支給されない

(法14条2)。

3．傷病補償年金（傷病年金）

傷病補償年金（傷病年金）は，休業補償給付（休業給付）の受給者が療養を開始してから1年6ヵ月経過してもその傷病が治癒せず，かつ，その傷病の程度が一定の障害の状態にある場合に，休業補償給付（休業給付）に代えて年金として支給される（法18条，法22条の6）。この傷病補償年金（傷病年金）は，被災労働者またはその遺族の請求に基づいて支給されるものではなく，所轄労働基準監督署長の職権により支給決定が行われる。

傷病補償年金（傷病年金）の額は，受給権者の該当する傷病等級に応じて，第1級（給付基礎日額の313日），第2級（給付基礎日額の277日），第3級（給付基礎日額の245日）となっている。このほか，傷病補償年金（傷病年金）の受給者には，労働福祉事業として傷病特別支給金（一時金）および傷病特別年金（年金）が支給される。

傷病補償年金（傷病年金）の受給者の傷病が治った後に，障害が残ればその程度に応じた障害補償給付（障害給付）が支給され，受給者がその傷病を原因として死亡した場合には遺族補償給付（遺族給付）として葬祭料（葬祭給付）が支給される。また，療養開始後1年6ヵ月を経過してもその傷病が治癒していないものの，傷病等級に該当する障害にないときは，傷病補償年金（傷病年金）は支給されない。この場合，療養補償給付（療養給付）のほか，休業補償給付（休業給付）の支給要件を満たすときは，その後もひき続き休業補償給付（休業給付）および休業特別支給金が支給される。

被災労働者は，①療養の開始後3年を経過した日において傷病補償年金を受けている場合にはその日（3年を経過した日），または，②療養の開始後3年を経過した日以後において傷病補償年金を受けることになった場合にはその受けることとなった日に，使用者は労働基準法第81条の規定による打切補償（平均賃金の1200日分）を支払ったものとみなされ，その日をもって同法第19条1の解雇制限が解除され，当該被災労働者（傷病補償年金の受給権者）を解

雇できる（法19条）。ただし，通勤災害に関する傷病年金については，この規定は適用されない。

4．障害補償給付（障害給付）

障害補償給付（障害給付）は，業務上または通勤による傷病が治癒したが，身体に一定の障害が残った場合，その障害の程度が労働省令で定める障害等級に該当するときには，その等級に応じて支給される（法15条，法22条の3）。障害補償給付（障害給付）は，該当する障害等級によって2種類に区分できる。すなわち，障害等級第1～7級までの重い障害に対しては障害補償年金（障害年金）が，第8～14級までの比較的軽い障害に対しては障害補償一時金（障害一時金）が支給される。

その支給されるべき額は，第1級（給付基礎日額の313日分）から第7級（給付基礎日額の131日分）まで各等級別に年金額で定められており，障害補償一時金（障害一時金）は，第8級（給付基礎日額の503日分）から第14級（給付基礎日額の56日分）まで各等級別に一時金で定められている（図表2-2）。

障害等級は，障害等級表（則別表第1）の労働者の障害をあてはめて決定するのが原則（則14条1）であるが，準用（則14条4），併合（則14条2），繰上げ（則14条3），加重障害（則14条5）という特例的取扱いがある。障害等級表に

図表2-2 障害等級に応じた障害補償給付の給付額

障害等級		給付の内容（年金額）	障害等級		給付の内容（年金額）
障害（補償）年金	第1級	給付基礎日額の313日分	障害（補償）一時金	第8級	給付基礎日額の503日分
	第2級	給付基礎日額の277日分		第9級	給付基礎日額の391日分
	第3級	給付基礎日額の245日分		第10級	給付基礎日額の302日分
	第4級	給付基礎日額の213日分		第11級	給付基礎日額の223日分
	第5級	給付基礎日額の184日分		第12級	給付基礎日額の156日分
	第6級	給付基礎日額の156日分		第13級	給付基礎日額の101日分
	第7級	給付基礎日額の131日分		第14級	給付基礎日額の 56日分

定められていない障害については，同表に定められている障害に準じて定めることを「障害等級の準用」といい，「併合」とは同一の事由によって2以上の障害を残した場合は，そのうちの重い方をその障害の等級とする。ただし，同一の事由により，身体に2以上の障害が残った場合であっても，残った障害のいずれもが第13級より重い障害であったときは，以下による方法により，重い障害を「繰上げ」，その繰上げた結果の等級をもって全体の障害等級とすることになっている。

① 13級以上の障害が2以上残った場合は，重い方の等級を1級繰上げた等級をその者の等級とする。
② 8級以上の障害が2以上残った場合は，重い方の等級を2級繰上げた等級をその者の等級とする。
③ 5級以上の障害が2以上残った場合は，重い方の等級を3級繰上げた等級をその者の等級とする。

ただし，こうした「繰上げ」の唯一の例外がある。これは第9級と第13級の障害がある場合であるが，この場合は①の「繰上げ」により，第8級（給付基礎日数の503日分）となるところであるが，その給付基礎日数の503日分の額は，障害等級第9級（給付基礎日額日数の391日分）と障害等級第13級（給付基礎日数の101日分）を合算した給付基礎日数の492日分の額を上回ることとなるため，この場合の障害補償一時金の額は当該合算額（給付基礎日数の492日分）が支給されることになる。

なお，障害補償年金（障害年金）の受給権者が死亡した場合，既に支給された障害補償年金（障害年金）および当該障害補償年金（障害年金）の前払いである障害補償年金（補償年金）前払一時金の合計額が，障害等級に応じて定められている一定額に満たないときは，その者の遺族に対して，その差額分が「障害補償年金（障害年金）差額一時金」として支給される（法58，61条）。また受給権者が希望すれば，「障害補償年金（障害年金）差額一時金」の差し引き対象額を最高限度額として一括して支払う「障害補償年金（障害年金）前払

一時金」の制度もある（法59，62条）。なお，障害補償給付（障害給付）の受給者には，労働福祉事業として，障害等級に応じて，障害特別年金，障害特別支給金および障害特別一時金が支給される。

5．介護補償給付（介護給付）

介護補償給付（介護給付）は，被災労働者の介護者の負担を軽減するために創設された保険給付で，1996（平成8）年4月1日から実施されている。その給付は，傷病補償年金（傷病年金）または障害補償年金（障害年金）を受ける権利を有する労働者が，これらの支給事由となる障害であって労働省令で定める程度のものにより，「常時」または「随時」介護を受けているときに，当該介護を受けている間，当該被災労働者の請求に基づいてその者に支給する（法12条の8の4，19条の2，22条の7）。ただし，被災労働者が身体障害者療護施設や特別養護老人ホーム等に入所したり，または病院・診療所に入院している間は，介護補償給付（介護給付）の支給は行われない。

介護補償給付（介護給付）は，月を単位として支給されるものとされており，その額は通常介護に要する費用を考慮して，労働大臣が定める額とされるが，親族等による介護を受けた日があるか否かでその額は異なる。現在の支給額は，常時要介護の場合は10万8,300円，随時要介護の場合はその半額にあたる5万4,150円を限度とし，実際に介護に要した費用である。親族等による介護を受けていて介護費用が少額であるとき，常時要介護の場合は5万8,750円，随時要介護の場合はその半額にあたる2万9,380円とされる。

6．遺族補償給付（遺族給付）

遺族補償給付（遺族給付）は，労働者が業務上または通勤による災害により死亡した場合，その遺族に対して支給される。死亡には，即死の場合のほか，業務上（通勤途上）の傷病により療養補償給付（療養給付）等の他の労災保険給付を受けていた者が傷病の悪化のため死亡した場合も含むものとされる。遺族補償給付（遺族給付）は，原則として年金，一時金を例外とする（法16条，法22条の4）。

遺族補償年金（遺族年金）の受給資格者とその順位は，労働者の死亡当時その収入によって生計を維持していた配偶者，子，父母，孫，祖父母および兄弟姉妹である。これらの者のうち，妻以外の者については年齢制限があり，夫，父母および祖父母については60歳以上（労働者の死亡当時55歳以上）であること，また子または孫については18歳に達した日以後の最初の3月31日までの間にあること，兄弟姉妹については18歳に達した日以後の最初の3月31日までの間にあるか，または60歳以上であることである。ただし，労働省令で定める障害状態（労働保険の障害等級の第5級以上の障害があるか，傷病が治らずに労働に高度な制限を受けている状態）であれば年齢制限はない（法16条の2，法22条の4）。これら受給資格者のうち，最先順位者だけが受給権者となる。なお，労働者の死亡当時胎児であった子は，出生の時から将来に向かって受給資格者となる。

　遺族補償年金（遺族年金）の受給権は，受給権者が，(a)死亡したとき，(b)婚姻したとき（内縁も含む），(c)直系血族または直系姻族以外の者の養子（事実上の養子縁組関係も含む）となったとき，(d)離縁（養子縁組関係の解消）によって，死亡労働者との親族関係が終了したとき，(e)子，孫または兄弟姉妹については，18歳に達した日以後の最初の3月31日が終了したとき（労働省令で定める障害状態にあるときは除く），(f)障害による受給資格者については，その事情がなくなったとき，のいずれかに該当したときは消滅（失権）し，同順位の受給権者がないときは，次順位者が新たな受給権者となる（法16条の4）。

　遺族補償年金（遺族年金）の額は，受給権者および受給権者と生計を同じくしている受給資格者の数などに応じて，1人の場合は給付基礎日額の153日分（ただし，55歳以上の妻または一定の障害の状態にある妻の場合は給付基礎日額の175日分），2人の場合は201日分，3人の場合は223日分，4人以上の場合は245日分の年金である（法16条の3）。

　遺族補償一時金（遺族一時金）は，労働者の死亡当時，遺族補償年金（遺族年金）の受給資格者がいないときに支給され，その額は給付基礎日額の1000日

分の一時金である。ただし，転給の場合は，すでに支給された年金額を控除した差額の限度で支給される（法16条の6・8，法22条の4）。また，遺族補償年金（遺族年金）の受給権者が希望すれば，その一部をまとめて前払いする制度もある。この遺族補償年金前払一時金（遺族年金前払一時金）の額は，原則として給付基礎日額の200日分，400日分，600日分，800日分または1000日分に相当する額のうち，遺族補償年金（遺族年金）の受給権者が選択する額である（法60，63条）。なお，遺族補償給付（遺族給付）の受給者には，労働福祉事業として，遺族特別年金，遺族特別支給金および遺族特別一時金が支給される。

7．葬祭料（葬祭給付）

労働者が業務上または通勤による災害により死亡した場合に，その葬祭を行う者に対して支給される（法12条の8）。その葬祭を行う者とは，必ずしも遺族に限らない。その額は，通常葬祭に要する費用を考慮して労働大臣が定める額とされる（法17条，法22条の5）が，現在の支給額は，31万5,000円に給付基礎日額の30日分を加えた額（その額が給付基礎日額の60日分に満たなければ給付基礎日額の60日分）である（2000年4月1日以降）。葬祭料（葬祭給付）もスライドが行われ，スライド率は年金給付のスライドと同じで，給付基礎日額に対してそのスライド率を乗じることになる。

第5節　保険給付と他の制度との調整

1．民事損害賠償との関係

1）　民事損害賠償との調整

被災労働者またはその遺族は，同一の事由による損害について，労災保険の保険給付請求権と民事損害賠償請求権（民法415，709，715条）を同時に取得する場合がある。事業主は，保険料の全額負担と民事損害賠償の負担を課することになると二重の填補の問題が生じるため，両制度間の調整を図る必要がある。保険給付が民事損害賠償に先行して支給された場合は，事業主は同一事由について民事損害賠償の責を免れる。労働者またはその遺族が障害補償年金・障害

年金または遺族補償年金・遺族年金を受けるべき場合で，前払一時金を請求できるとき，同一の事由について事業主から民法その他の法律による損害賠償を受けることができるときは，当分の間，事業主はこれらの者の年金受給権が消滅するまでの間その損害発生時から前払一時金給付を受けるべき時までの法定利率により計算された額を合算した額が前払一時金給付の最高額相当額の限度で，民事損害賠償の履行をしないことができる（法64条1項）。

この場合，損害賠償の履行が猶予されている場合に，年金給付または前払一時金の支給が行われたときは，事業主はその損害賠償発生時から支給が行われた時までの法定利率により計算される額まで合算した額が年金給付または前払一時金給付の額までの限度で，その損害賠償の責めを免れる。

保険給付が受けられるときに民事損害賠償（保険給付によって塡補する部分に限る）が先行して行われた場合には，政府は労働者災害補償保険審議会の議を経て労働大臣が定める基準により，その価額の限度で，保険給付（年金給付），障害補償年金差額一時金・障害年金差額一時金，失権による遺族補償一時金・遺族一時金，前払一時金給付を除く）を行わないことができる（法64条2項）。

2） 第三者行為による民事損害賠償との調整

第三者（保険者，事業主および被災労働者とその遺族以外の者）の行為により自己が発生した場合に政府が保険給付をしたときは，その給付の価額の限度で，保険給付を受けた者が第三者に対して有する損害賠償の請求権を取得する。保険給付を受けられる者が第三者から同一事由について損害賠償を受けたとき，政府はその価額の限度で保険給付をしないことができる（法12条の4）。

保険給付により塡補されるべき損害には，精神的損害および物的損害は含まれないため，これらの損害は民事損害賠償との調整問題はおきない。第三者行為により災害が発生したときには，保険給付を受ける者は，被害状況等を遅滞なく所轄労働基準監督署長に届け出なければならない。

(1) 保険給付が第三者行為による民事損害賠償より先行した場合

政府は，その保険給付の価額の限度で第三者に対して有する民事損害賠償請求権を代位取得する（法12条の4，1項）。

年金たる保険給付は，民事損害賠償額の範囲内において，災害発生後3年以内に支給すべき年金についてその支払いの都度，政府は求償を行う。もし災害発生後3年経過しても，求償累計額が民事損害賠償額に達しない場合は，3年で求償を打ち切る。

政府が第三者に対する求償は行わない場合は，以下のとおりである。

① 同僚である労働者からの加害行為により，事業主に，民法の使用者責任（715条）または自動車損害賠償保障法（自賠法）の運行供用者責任（3条）が生ずる場合（事業主が同じで事業場を異にする労働者間での加害行為および作業を行う使用者を異にする労働者の加害行為も含まれる）

② 直系血族または同居の親族が加害者である場合

③ 数次の請負による事業で元請負人が保険加入者となっているときの下請負人自身の加害行為による業務災害の場合（保険給付額の30%を限度として請求する）

(2) 第三者行為の民事損害賠償が保険給付より先行した場合

政府は，その民事損害賠償の価額の限度で保険給付を行わないことができる（法12条の4，2項）。

年金たる保険給付は，災害発生後3年経過しても支給停止されていた年金たる保険給付額が民事損害賠償額に達しない場合，3年経過したときから，年金たる保険給付が支給される。

3) 示　談

示談とは，裁判外の和解契約のことである。示談により保険給付と同一事由についての損害の全部の塡補を目的としていることが明らかな場合には保険給付は行われない。示談が有効に成立していない場合または保険給付と同一事由について損害の全部の塡補を目的とすることが明らかでない場合は，保険給付が行われる。

4) 自動車損害賠償責任保険等との調整

　労働災害である自動車事故での保険給付と民事損害賠償との調整は，民事損害賠償が強制加入の自動車損害賠償責任保険（自賠法第3章）等の保険給付に代替することから，自賠法の保険等の給付を先行して行い，保険給付は，その価額の限度で行われない。

2．労働基準法との関係

　労働基準法の災害補償規定の事由について労災保険法から保険給付が支給される場合，使用者は労働基準法上の災害補償の責任が免除される。保険給付が支給されない場合には，使用者は労働基準法上の災害補償の責任が免除されず，補償する（たとえば，休業補償給付の待期3日間）ことになる。

3．医療保険との関係

　負傷・疾病等の事由発生で医療保険（健康保険，国民健康保険等）の保険給

図表2-3　社会保険の年金給付との併給に係る調整率

併給される 社会保険の年金給付	労災保険の年金たる 保険給付等	障害 （補償） 年金	遺族 （補償） 年金	傷病 （補償） 年金	休業 （補償） 給付
厚生年金 ＋ 国民年金	障害厚生年金＋障害基礎年金	0.73	—	0.73	0.73
	遺族厚生年金＋遺族基礎年金 （寡婦年金含む）	—	0.80	—	—
厚生年金 のみ	障害厚生年金	0.83	—	0.86	0.86
	遺族厚生年金	—	0.84	—	—
国民年金 のみ	障害基礎年金	0.88	—	0.88	0.88
	遺族基礎年金（寡婦年金含む）	—	0.88	—	—
旧厚生年金保険法	障害年金	0.74	—	0.75	0.75
	遺族年金	—	0.80	—	—
旧国民年金法	障害年金	0.89	—	0.89	0.89
	母子年金等	—	0.90	—	—

付と労災保険の保険給付の両方が行われるとき，医療保険の保険給付は行われない（健康保険法1条1項，59条の6，国民健康保険法56条1項）。

4．公的年金との関係

公的年金は，業務上・外の事由にかかわらず年金給付が支給されるため，労災保険の年金給付と併給となるため労災保険の年金給付に調整率を乗ずることにより調整を行う（図表2-3）。

休業補償給付・休業給付の額に調整率を乗じて減額することにより行う。同一の事由について，障害補償一時金・障害一時金と厚生年金保険法の障害手当金とが支給される場合には，厚生年金保険の障害手当金は，全額の支給停止となる（厚生年金保険法56条）。

第6節　労働福祉事業

政府は，労働者およびその遺族の福祉の増進を図るため，労働福祉事業として，①援護事業，②社会復帰促進事業，③安全衛生確保事業，④労働条件確保事業を行う（法23条）。

1．援護事業

援護事業は，被災労働者の療養生活の援護，被災労働者の受ける介護，その遺族の就学の援護，被災労働者およびその遺族が必要としている賃金の貸付による援護その他被災労働者およびその遺族の援護を図るために必要な事業である（法23条1項2号）。

1）　特別支給金

援護事業の一つとして特別支給金が，被災労働者およびその遺族に対して支給される。特別支給金は，特別支給金規則に定められている。

(1)　特別支給金の種類

特別支給金の種類は一般の特別支給金とボーナス特別支給金の2つがある。

①一般の特別支給金は見舞金的性格のものである。

　　ア）休業特別支給金

イ）障害特別支給金（スライド制の適用なし）
ウ）遺族特別支給金（スライド制の適用なし）
エ）傷病特別支給金（スライド制の適用なし）

②ボーナス特別支給金は，ボーナス等（特別給与）に対するものである。
ア）障害特別年金
イ）障害特別一時金
ウ）遺族特別年金
エ）遺族特別一時金
オ）傷病特別年金

(2) 一般の特別支給金

①休業特別支給金

休業特別支給金は，休業補償給付・休業給付が支給される日ごとについて支給される。休業特別支給金の額は，1日につき休業給付基礎日額（スライド制および年齢階層別最低・最高限度が適用）の20/100相当額である。ただし，労働者が一部分についてのみ労働し賃金の支給を受けた日の休業特別支給金の額は，休業給付基礎日額（最高限度額の適用をしない）から，労働に対して支払われる賃金の額を差し引いた額（最高限度額を限度）の

図表2-4 障害特別支給金の支給額

障害等級	特別支給金の額	障害等級	特別支給金の額
1級	342万円	8級	65万円
2級	320万円	9級	50万円
3級	300万円	10級	39万円
4級	264万円	11級	29万円
5級	225万円	12級	20万円
6級	192万円	13級	14万円
7級	159万円	14級	8万円

20/100相当額である。

② 障害特別支給金

　障害特別支給金は，障害補償給付・障害給付の受給権者に対して支給される一時金である。その額は，障害の程度に応じ，1級（342万円）から14級（8万円）まですべて一時金である（図表2-4）。

　障害特別支給金の額の算定については，保険給付と異なり，以下のような特例が設けられている。

　ア）併合・繰上げ……同時に2以上の障害を残し，障害補償給付・障害給付について繰り上げが行われた場合，それぞれの障害の該当する障害等級に応ずる特別支給金の額に満たないときは，合算額が支給される。

　イ）加重障害…………既に身体障害のあった者が，同一の部位について障害の程度を加重した場合における障害特別支給金の額は，現在の身体障害の該当する障害等級に応ずる障害特別支給金の額（一時金）から，既にあった身体障害の該当する障害等級に応ずる障害特別支給金の額（一時金）を差し引いた額が支給される。

　ウ）再発治癒…………既に身体に障害があった者が再発して再び治った場合で，再発治癒後の障害が従前の障害より重くなったときは，現在の障害等級に応ずる障害特別支給金の額から，従前の障害等級に応ずる障害特別支給金の額を差し引いた額が支給される。

③ 遺族特別支給金

　遺族特別支給金は，労働者の死亡当時の遺族補償給付・遺族給付の受給権者に対して支給される1回限りの一時金である。このため，転給により遺族補償年金の遺族補償年金・遺族年金の受給権者となった者や，失権差額一時金の受給権者には支給されない。支給額は300万円である。遺族特

別支給金の支給を受けることができる遺族が2人以上ある場合には，300万円をその人数で除して得た額となる。

④ 傷病特別支給金

傷病特別支給金は，傷病補償年金・傷病年金の受給権者に支給される。支給額は，支給要件に該当することとなった時点における傷病等級に応じ，1級は114万円，2級は107万円，3級は100万円である。

(3) ボーナス特別支給金

① 算定基礎日額

ボーナス特別支給金の額は，算定基礎日額をもとにして計算される。算定基礎日額は，算定基礎年額を365で除して得た額である。なお，算定基礎年額または算定基礎日額に1円未満の端数があるときは，これを1円に切り上げることとされている。

② 算定基礎年額

ア) 定義………算定基礎年額は，被災日以前1年間（雇入れ後1年に満たない者は雇入れ後の期間）に，その労働者がその使用される事業主から受けた特別給与（3ヵ月を超える期間ごとに支払われる賃金）の総額である。

イ) 特例………原則によって算定基礎年額とすることが適当でないと認められるときは，労働省労働基準局長が定める基準に従って算定した額を算定基礎年額とする。

ウ) 限度額……算定基礎年額は，労働者の給付基礎日額に365を乗じて得た額の20/100相当額を上限とし，この上限額が150万円を超えるときは150万円とする。

③ 障害特別年金

障害特別年金は，障害補償年金・障害年金の受給権者に対し，その申請に基づいて支給するものとし，その額は，障害補償年金・障害年金に係る障害等級に応じ1級（算定基礎日額の313日分）から7級（算定基礎日額

図表2-5　障害特別年金の支給額

障害等級	算定基礎日額
第1級	313日分
第2級	277日分
第3級	245日分
第4級	213日分
第5級	184日分
第6級	156日分
第7級	131日分

の131日分)までの7段階制となっており,この給付日数は,障害補償年金・障害年金の給付日数と同様である(図表2-5)。障害特別年金を受ける労働者の障害の程度に変更があり,他の障害等級に該当することとなった場合には,その新たに該当する障害等級に応ずる障害特別年金(第1～7級)または障害特別一時金(第8～14級)が支給される。障害等級の併合繰上げ,加重障害,再発治癒の場合の障害特別年金の支給額は,障害補償年金・障害年金の場合と同様である。

また,障害補償年金差額一時金・障害年金差額一時金の受給権者に対しては,障害特別年金差額一時金が支給され,その額は1級(算定基礎日額1340日分)から7級(算定基礎日額560日分)に応じた額から既に支給された障害特別年金の額を差し引いた額である。障害補償年金前払一時金・障害年金前払一時金が支給されたため,障害補償年金・障害年金が支給停止された場合であっても,障害特別年金は支給停止とはならず支給される。

④障害特別一時金

障害特別一時金は,障害補償一時金・障害一時金の受給者に対し支給される。8級(算定基礎日額の503日分)から14級(算定基礎日額の56日分)までの7段階制となっており,その給付日数は,障害補償一時金・障害一時金の給付日数と同じである。障害等級の併合繰上げ,加重障害,再発治癒の場合の障害特別一時金の支給額については障害補償一時金・障害一時

金の場合と同様である。
⑤ 遺族特別年金

　遺族特別年金は，遺族補償年金・遺族年金の受給者に対し，その申請に基づいて支給する。算定基礎日額に乗ずべき日数は，遺族補償年金・遺族年金と同じである。

　遺族特別年金は，遺族補償年金・遺族年金が，受給権者の所在不明または若年（55歳以上60歳未満）により支給停止とされている間は，同様に支給停止となる。遺族特別年金には，前払一時金の制度はないため，遺族補償年金・遺族年金について前払一時金が支払われたためにその支給が停止された場合であっても，遺族特別年金は支給されない。

⑥ 遺族特別一時金

　遺族特別一時金は，遺族補償一時金・遺族一時金の受給権者に対し，その申請に基づいて支給する。支給額は，原則として算定基礎日額の1000日分である。遺族補償年金・遺族年金の受給権者がすべて失権した場合に，受給権者であった遺族の全員に対して支払われた遺族特別年金の合計額が算定基礎日額の1000日分に達してしないときは，算定基礎日額の1000日分から労働者の死亡に関し支給された遺族特別年金の額の合計を控除した額である。

⑦ 傷病特別年金

　傷病特別年金は，傷病補償年金・傷病年金の受給権者に対して支給され，その額は，1級は算定基礎日額313日分，2級は算定基礎日額277日分，3級は算定基礎日額245日分である。傷病等級の変更に伴う取扱いは，傷病補償年金・傷病年金と同様である。

⑧ 差額支給金

　差額支給金は，休業補償給付・休業給付から傷病補償年金・傷病年金に移行した場合に，給付額が低下することとなった労働者が，支給を受ける傷病を受ける傷病補償年金・傷病年金の額と傷病特別年金の額との合計額

が，年金給付基礎日額の292日分（365日分の80％相当）に満たない場合には，その差額相当額が特別支給金として支給される。

(4) その他
① 未支給の特別支給金は，未支給の保険給付の例により支給される。
② 保険給付の支給が制限される場合には，特別支給金も同様に支給が制限される。
③ 一般の特別支給金は，特別加入者にも支給されるが，ボーナス特別支給金は，特別加入者には支給されない。

図表2－6　特別支給金の申請期限（除斥期間）

休業特別支給金	休業（補償）給付の受給権者となった日の翌日から起算して2年以内
障害特別支給金	障害（補償）給付の受給権者となった日の翌日から起算して5年以内
遺族特別支給金	遺族（補償）給付の受給権者となった日の翌日から起算して5年以内
傷病特別支給金	傷病（補償）給付の受給権者となった日の翌日から起算して5年以内
障害特別年金	障害（補償）給付の受給権者となった日の翌日から起算して5年以内
障害特別年金差額一時金	障害（補償）年金差額一時金の受給権者となった日の翌日から起算して5年以内
障害特別一時金	障害（補償）一時金の受給権者となった日の翌日から起算して5年以内
遺族特別年金	遺族（補償）給付の受給権者となった日の翌日から起算して5年以内
遺族特別一時金	遺族（補償）一時金の受給権者となった日の翌日から起算して5年以内
傷病特別年金および傷病差額特別支給金	傷病（補償）給付の受給権者となった日の翌日から起算して5年以内

④ 特別支給金には，前払一時金の制度はない。
⑤ 特別支給金の申請は除斥期間内に行わなければならない（図表2-6）。
⑥ 年金たる特別支給金の支給期間・支払期月は，保険給付の場合と同様に行われる。
⑦ 特別支給金の支給の申請は，原則として保険給付の支給の請求と同時に行い，申請書は，所轄労働基準監督署長に提出しなければならない。ただし，傷病特別年金，傷病特別支給金および差額支給金の申請については，傷病補償年金・傷病年金が職権で支給が決定されるものであるので，独自に申請を行う。
⑧ 特別支給金についても，保険給付の場合と同様に内払い・充当の取扱いがなされる。
⑨ 特別支給金には事業主・不正受給者からの費用徴収の規定はない。
⑩ 特別支給金には第三者行為災害に対する損害賠償請求権の代位取得規定はない。
⑪ 特別支給金には他の社会保険との調整規定はない。

2）特別支給金以外の援護事業

(1) 労災就学援護費

学校教育法第1条（幼稚園および通信制のものを除く）の学校もしくは法第82条の2に定める専修学校に在学し，または職業訓練施設で訓練を受ける者のうち下記に掲げる者（給付基礎日額1万6000円を超える者を除く）で，学資等の支弁が困難であると認められる者に対して労災就学援護費が支給される。

① 遺族補償年金・遺族年金の受給権者
② 死亡労働者と生計維持関係にあった子で，遺族補償年金・遺族年金の受給権者と生計を同じくする者
③ 1～3級の障害補償年金・障害年金の受給権者および受給権者と生計を同じくする子
④ 傷病補償年金・傷病年金の受給権者（傷病の程度が特に重篤であると認

められる者に限られる）
　労災就学援護費の支給を受けようとする者は，労災就学等援護費支給・変更申請書に在学証明等の書類を添付し，所轄労働基準監督署長に提出しなければならない。
(2) 労災就労保育援護費
　遺族補償年金・遺族年金，1〜3級の障害補償年金・障害年金，傷病補償年金・傷病年金（傷病の程度が特に重篤であると認められる者に限られる）の受給者のうち，就労のため未就学の児童を保育所，幼稚園に預けており，保育に係る費用を援護する必要があると認められる者に対して労災就労保育援護費が支給される。労災就学保育援護費の支給を受けようとする者は，労災就学等援護支給・変更申請書に保育所等の証明書類を添付し，所轄労働基準監督署長に提出しなければならない。
(3) 年金担保資金貸付制度
　労災年金の受給権者は，子供の入学，結婚，医療等の資金が臨時に必要となった場合，その援護を受けるため，労働福祉事業団が実施している年金担保資金貸付制度で小口資金の貸付けを受けることができる。
(4) 特定傷病治癒に対するアフターケア
　一酸化炭素中毒やせき髄損傷者等に対し，治癒後の措置として診察，保健指導，保険のための措置，検査等のアフターケアが行われる。

2．援護事業以外の労働福祉事業
1) 社会復帰促進事業
(1) 労災病院の設置・運営
　労災病院は，業務災害や通勤災害などの被災労働者に対して，適切かつ迅速な医療を行い，一日も早く労働能力を回復し社会復帰を図らせるため，労働福祉事業団が設置・運営している医療機関である。
(2) 医療リハビリテーションセンターの設置・運営
(3) 総合せき損センターの設置・運営

(4) 外科後処置

　業務上または通勤による傷病が治癒し，障害補償給付・障害給付を受ける者のうち，失った労働能力の回復見込みのある者等に対し外科後処置を行う。外科後処置を受けようとする者は，外科後処置申請書を所轄労働基準監督署長を経由して所轄都道府県労働局長に提出しなければならない。

(5) 補装具の支給

　労働災害により傷病を被った者で，機能障害が残った者等に対し，義肢，義眼，眼鏡，車椅子，電動車椅子，補聴器，人工喉頭，かつら等の補装具の支給が無料で行われる。これらを受けようとする者は，義肢等支給（修理）申請書を所轄労働基準監督署長を経由して所轄都道府県労働局長に提出しなければならない。

(6) 温泉療養

　温泉療養は，傷病が治癒して重度・中程度（8級以上）の障害を残した者のうち療養後の保護を必要とする者に対し支給される。温泉療養を受けようとする者は，温泉療養申請書を所轄労働基準監督署長を経由して所轄都道府県労働局長に提出しなければならない。

(7) 社会復帰資金の貸付

　労働災害による重度のせき髄損傷者・下肢障害者は，車椅子での生活が容易にできるようにするための住宅の増改築費，技術習得の資金，または営業の準備資金などの社会復帰を促進するための貸付が受けられる。

2） 安全衛生確保事業

(1) 労働災害防止対策の実施

　政府は，事業主に対し，労働災害の防止に関する啓蒙指導を行うとともに，労働災害の防止対策を実施している。

(2) 健康診断センター

　有害業務に従事する労働者に対する健康診断センターが設けられる。

3） 労働条件確保事業

(1) 未支払賃金の立替払事業

　1年以上継続して労災保険の適用事業である企業の倒産等のため使用者から賃金を支払われない労働者は，未支払賃金の一定の範囲内のものを賃金の支払の確保等に関する法律により，使用者に代わって政府からの立替払いを受けられる。立替払いを受けることができる労働者は，当該企業の退職者であって，退職日6ヵ月前の日から立替払いの請求をした日の前日までの間に到来した賃金の全部または一部が不払いになっている者である。立替払いの対象となる未払賃金は70万円（30歳未満），130万円（45歳未満），170万円（45歳以上）を限度とし，その80％である。未払賃金の額が2万円に満たないときは支給されない。この立替払いは，所轄労働基準監督署長の確認等に基づいて労働福祉事業団が行う。

(2) 短時間労働者雇用管理改善等助成金

　短時間労働者雇用管理改善等助成金は，中小企業短時間労働者雇用管理改善等助成金および事業主団体短時間労働者雇用管理改善等助成金がある。中小企業短時間労働者雇用管理改善等助成金は，中小企業（資本金および常時雇用する労働者数で，製造業は1億円以下および300人以下，卸売業は3,000万円以下および100人以下，小売・サービス業は，1,000万円以下および50人以下）の事業主であって雇用する短時間労働者について通常の労働者との均衡等を考慮した労働条件の確保および雇用管理の改善を図るための計画を作成し，都道府県労働局長の認定を受け，当該計画に基づく措置を実施し経費を負担し，措置の実施の状況を明らかにする書類を整備している事業主に支給する。

(3) 労働時間短縮実施計画推進援助団体助成金

　常時300人以下の労働者を雇用する中小企業事業主の団体の構成事業主の1/3以上が労働時間の短縮に関する臨時措置法（時短促進法）の労働時間短縮実施計画の承認（法8条1項）を受け，その実施計画に定める目標を達成するために必要な援助計画を作成し，その計画に基づく措置として，その構成事業主に係る労働時間短縮に関する調査研究および当該構成事業主に対する相談，指導

その他の援助を行い，その措置の実施状況を明らかにする書類を整備している中小企業主の団体に対して，その実施する措置の内容に応じて，労働時間短縮実施計画推進援助団体助成金が支給される。

第7節 不服申立て

行政庁の処分や不作為行為に対し，不服がある者には，行政不服審査法による不服審査や行政事件訴訟法による行政事件訴訟を行うことができる。しかし，労災保険における保険給付の処分に対する処理にあたって専門的技術的知識が必要とされる等の理由から労働保険審査官および労働保険審査会法（労審法）が制定され二審制の制度が導入されている。

1．保険給付の決定に対する不服申立て

原処分である保険給付に関する処分（業務上・外の判断，給付基礎日額，治癒の日等の要件事実の認定は除く）に不服がある者（審査請求人）の不服申立ては，労働保険審査官および労働保険審査会制度によって行われる（法35条）。労災保険にかかる第一の審査機関である労働保険審査官は労働者災害補償保険審査官である。

1） 審査請求（第一審）

審査請求は，行政庁（労働基準監督署長）が行った保険給付に関する処分に不服ある者は都道府県労働局に置かれている労働者災害補償保険審査官に対して審査請求をすることができる（法35条1項，労審法7条）。

審査請求人の住所地を管轄する労働基準監督署長または原処分をした労働基準監督署長を経由して行うこともできる。審査請求期間は，審査請求人が原処分のあったことを知った日の翌日から起算して60日以内に文書または口頭でしなければならない（労審法8条1項，9条）。

郵送で行った場合には，郵送の日数は審査請求期間に含めない。ただし，正当な理由によりその期間に審査請求できなかったことを疎明（一応確からしい推測を審査官に得させること）したときは，この限りではない。労働者災害補

償保険審査官は，審理を行ったうえ，審査請求に対する決定を文書で行う（労審法18条，19条）。決定は，審査請求人に送達されたときにその効力を生ずる。

2） **再審査請求（第二審）**

労働者災害補償保険審査官の決定に不服がある者（再審査請求人）は，原処分をした行政庁を相手として労働保険審査会に再審査請求することができる。

再審査請求人は，審査請求した日から3ヵ月を経過しても労働者災害補償保険審査官による決定がないときは，決定を経ないで労働保険審査会に対して再審査請求することができる（法35条2項）。再審査請求期間は労働者災害補償保険審査官から審査請求に対する決定書の謄本が送付された日の翌日から起算して60日以内に労働保険審査会に対して文書で行われなければならない（労審法49条1項，39条）。疎明および郵送は審査請求と同じである。労働保険審査会は，審理を行ったうえで裁決を行う（労審法49条）。

再審査請求人は裁決あるまでいつでも再審査請求を取り下げることができる。再審査請求がなされた場合は，原則として審査請求は取り下げられたものとみなされる。労働保険審査会は，労働者災害補償保険法および雇用保険法の再審査請求事件と中小企業退職金共済法の審査事務を取り扱う。

労働保険審査会は9人（うち3人は非常勤とすることができる）の委員を持って組織され，労働大臣の所轄の下に置かれる。委員は，両議院の同意を得て，学識経験者のうちから，内閣総理大臣が任命する（労審法25条1項，27条1項）。

なお，審査請求および再審査請求は，時効中断に関しては裁判上の請求とみなす（法35条2項）。

3） **不服申立て前置主義**

保険給付に関する処分の取消しの訴えは，労働保険審査会の裁決を経た後でなければ，提起することができない（法37条）。再審査請求がなされた日から3ヵ月を経過しても裁決がないとき，または，再審査請求についての裁決を経ることにより生ずる著しい損害を避けるため緊急の必要があるとき，その他の裁決を経ないことにつき正当の理由があるときには裁判所に出訴できる。

2. 保険給付に関する決定以外の処分に対する不服申立て

保険給付以外の処分に対する不服申立ては，行政不服審査法（行審法）によって行う。行政庁の処分について不服ある者は原則として行政不服審査法によって不服申立てをすることができる。しかし，特別の場合を除き処分があった日から起算して1年を経過すると不服申立てを行うことができない（行審法14条3項）。

1） 審査請求と異議申立て

行政不服審査法の不服申立ての第一審は，審査請求と異議申立ての2種類があり，文書で行う。特別の場合を除き，処分庁または不作為庁以外に対する不服申立ては審査請求であり，処分庁または不作為庁に対する不服申立ては異議申立てである。

処分についての審査請求は，処分庁に上級行政庁があるとき，または法律に定めがあるときである。審査請求期間は，その処分をした処分庁ないし処分をしない不作為庁の直近上級行政庁に対してその処分のあったことを知った日の翌日から起算して60日以内に行われなければならない（行審法14条1項）。労災保険法（保険給付除く）の処分に対する不服申立ては，特別の定めがない限り，審査請求による。

異議申立ては，原則として処分庁または不作為庁に上級行政庁がないとき（審査請求できるときは除く）等に処分庁または不作為庁に対して，処分があったことを知った日の翌日から起算して60日以内に行わなければならない（行審法45条）。労災保険法では，事業主からの費用徴収（法25条1項）に関する処分または関係申請等に対する不作為についての不服申立ては，異議申立てによるとされている。第二審の審査請求および審査請求の期間は処分あることを知った日の翌日から起算して30日以内に行わなければならない。

2） 行政不服審査と訴訟との関係

処分取消しまたは不作為の違法確認の訴えは，審査請求または異議申立てが

できても，直ちに提起することができる（行政事件訴訟法8条1項，法38条4項）。

ただし，不正受給者等からの費用徴収および事業主からの費用徴収の処分については，審査請求に対する労働大臣の裁決を経た後でなければ，その処分の取消しの訴えを提起できない。

第8節　労災保険の課題

1．災害認定の問題

産業構造や労働環境の変化により，発生する災害が複雑化し，保険事故である災害の認定も困難になりつつあり，従来の行政解釈や判例の積み上げによる基準だけでは対処しきれなくなっている。たとえば，業務の実態に関しては，産業のソフト化，サービス化によって職務の内容も大きく変化しているとともに，必ずしも事業場内だけが勤務場所でないような働き方も増えているので，業務災害，通勤災害の認定がむずかしくなる。こうしたなかで，新しい観点からの認定基準等の整理や迅速かつ的確な認定体制の整備・労災認定のあり方がさらに検討されるべきである。

2．「過労死」認定問題

厳しい社会経済情勢の下，従来より問題となっていたのが，脳・心臓疾患の労災認定であり，過重な勤務状態が背景にあることから「過労死」問題と呼ばれる問題である。脳・心臓疾患は，高血圧や動脈硬化などもともとあった基礎疾患によることが多いが，発症前1週間内の業務によって急激に悪化したのであれば，業務上と認定できるとされていた。しかし，それでは慢性的な蓄積によるものへの配慮が十分でなく，また，業務の過重性の判断基準が不明確であるため，1995（平成7）年2月，「脳血管疾患及び虚血性心疾患等の認定基準について」を策定し，「過労死」の新しい認定基準が示された。今後は，脳・心臓疾患等の認定について，業務要因である過重負担の面からだけでなく，個体側の条件である基礎疾患の程度やその進行の度合いなどを考慮し，より客観

的な評価が可能になるような労災認定の基準を設けるべきであろう。また，過労による精神疾患や自殺なども労災認定の対象にすることが必要である。

なお，うつ病や重度のストレス反応などの精神障害では，病態として自殺念慮が出現する蓋然性が高いとされていることから，業務による心理的負荷によってこれらの精神障害が発病したと認められる者が自殺を図った場合には，精神障害によって正常の認識，行為選択能力がいちじるしく阻害され，または自殺を思いとどまる精神的な抑制力がいちじるしく阻害されている状態で自殺したものと推定し，業務起因性を認めることとされている。

3．安全・健康の確保

労災保険制度は，労働政策や保険財政の観点から災害自体を予防することが重要になる。特に，安全衛生施策については，安全管理や衛生基準の徹底はもとより，労働災害の潜在的な危険性の排除など，安全衛生に関する基準の充実整備が求められる。また，疾病については治療よりも発症前の予防が重要であるので，精神面を含めた心身両面にわたる健康づくりが大切である。特に脳・心臓疾患による「過労死」について，労災保険の枠組みのなかで予防のための対策を講じる必要がある。そこで，業務上の事由による脳・心臓疾患の発生予防のため，法定給付として「第二次健康診断等給付」が新たに創設されることになっている。

参考文献
- 厚生省社会・援護局監査指導課監修『社会保障の手引』社会福祉振興・試験センター　1998年
- 社会・労働保険実務研究会編『社会保険・労働保険の実務百科』清文社　1999年
- 社会保険広報社編『社会保険委員会必携』社会保険広報社　1999年
- 労働省労働保険徴収課編『労働保険の手引』労働行政研究所　1999年
- 加藤実『医療と労災』同友館　2000年
- 福祉士講座編集委員会編『社会保障論』中央法規出版　1999年
- 社会保険庁監修『社会保険手帖』厚生出版社　1999年

第3章　雇用保険

　雇用保険法は，失業者が巷に溢れていた終戦直後の経済混乱期において，生活の源泉である収入を得るための職業を失った労働者に対して，次の職に就くまでの間の生活を保障することを目的として，1947（昭和22）年に制定施行された失業保険法を前身としている。

　その後，景気の変動や雇用情勢の変化に伴い，失業保険制度の本来の目的に合わせて，単に失業時の生活の保障のみではなく，そうした労働者の生活の困窮を招く失業の予防を図るために雇用情勢を安定させたり，雇用機会の増大を図ったり，さらには雇用状態を是正し，また雇用構造を改善するとともに，他方では労働者の能力の開発および向上その他労働者の福祉の増進を図ることを目的として，雇用に関する総合的な機能をもった雇用保険制度として発展し，1975（昭和50）年から施行された。そして，失業率上昇で悪化した雇用保険財政の立て直しを図るため，2000（平成12）年4月，雇用保険法の改正が行われた。

第1節　雇用保険の仕組み

1. 目　的

　雇用保険の目的は，まず第1に，労働者が失業した場合，労働者について雇用の継続が困難となる事由が生じた場合および労働者が自ら職業に関する教育訓練を受けた場合に必要な給付を行うことにより，労働者の生活および雇用の安定を図るとともに，求職活動を容易にする等その就職を促進することにある。第2には，労働者の職業の安定に資するため，失業の予防，雇用状態の是正，雇用機会の増大，労働者の能力の開発・向上その他労働者の福祉の増進を図ることにある（法1条）。要するに，雇用保険は，第1の目的を達するために「失業等給付」を行い，第2の目的を達するために「雇用三事業」，すなわち雇

用安定事業，能力開発事業および雇用福祉事業を行うのである。なお，雇用保険の保険者は，政府（国）であり，その事務は労働大臣が行う。なお，地方の出先機関として都道府労働局があり，実際の手続の窓口は地域の公共職業安定所（ハローワーク）である。

2．被保険者

雇用保険の被保険者は，適用事業に雇用される労働者である（法4条1）が，65歳に達した日以後に雇用される者や，短時間労働者，日雇労働者，季節的事業に雇用される者のうちの一定範囲の者，船員保険の被保険者，公務員などは，被保険者から除外される（法6条）。

被保険者は，その就労の実態に応じて，①一般被保険者，②高年齢継続被保険者（法37条の2），③短期雇用特例被保険者（法38条の1），④日雇労働被保険者（法43条の1）の4種類に分けられる。①の一般被保険者とは，②，③，④以外の被保険者で，②の高年齢継続被保険者とは，同一の事業主の適用事業に65歳に達した日の前日から引き続いて65歳に達した日以後の日において雇用されている者（③，④となる者を除く），③の短期雇用特例被保険者とは，季節的に雇用される者または短期の雇用に就くことを常態とする者（④となる者を除く），④の日雇労働被保険者とは，日々雇用される者または30日以内の期間を定めて雇用される者である。

これらのうち①と②は，さらにそれぞれ「短時間労働被保険者」と「短時間労働被保険者以外の被保険者」の2種類に区分される。短時間労働被保険者とは，1週間の所定労働時間が同一の適用事業に雇用される者よりも短い被保険者のことであるが，具体的には，(a)1週間の所定労働時間が20時間以上である，(b)1年以上引き続き雇用されることが見込まれる，(c)賃金の年額が90万円以上見込まれる，という要件をすべて満たすもので，かつ，1週間の所定労働時間が30時間未満の者をいうこととなる。ただし，今回の雇用保険法改正により，保険加入を促進するために，(c)の年収90万円の所得要件が廃止された。この結果，週所定労働時間が20時間以上30時間未満という者も年収額に関係なく，

雇用保険に加入できることになる。30時間以上の者は，短時間労働者ではなく，「短時間労働被保険者以外の被保険者」になる。

なお，法人の代表者，監査役および取締役，昼間学生，家事使用人等は，原則として雇用保険の被保険者とならない。また，2つ以上の適用事業主に同時に雇用されている者については，その者の生活を維持するため主たる賃金を受ける一方でのみ被保険者となる。

3．費　用

雇用保険事業に要する費用は，事業主および被保険者が負担する保険料と国庫負担によって賄われている。

雇用保険と労災保険の保険料は，「労働保険料」として，原則として一緒に納付する。労働保険料についての詳細は，「労働保険料の徴収等に関する法律」(以下，徴収法という) に規定されている。労災保険では事業主が全額負担するのに対して，雇用保険では事業主と被保険者の双方が負担する。ただし，64歳以上の被保険者の保険料は，64歳到達後の年度からすべて免除される。これは高齢者の負担を軽減するとともに，高齢者雇用を促進するためである。雇用保険の保険料には，一般保険料と印紙保険料があるが，一般保険料の額は，賃金総額に雇用保険料率を乗じて算定する (徴収法11条)。雇用保険料率は，賃金総額の11.5/1000 (農林水産業等は13.5/1000，建設業等は14.5/1000) とされている (徴収法12条4)。このうち，8/1000 (農林水産業，建設業等では10/1000) は失業給付に要する費用に充てられ，労使折半となる。残りの3.5/1000 (建設業では4.5/1000) は雇用安定事業等三事業に充てられ，全額事業主負担である。ただし，今回の雇用保険法改正により，保険料率は8/1000から12/1000に引き上げられる (2001年4月1日実施)。なお，高年齢者の雇用促進およびその福祉増進に資するため，64歳以上の一般被保険者の雇用保険に係る保険料の額の労使負担分は免除される (徴収法11条の2)。

国庫は，雇用保険事業のうち，求職者給付 (高年齢求職者給付金を除く) および雇用継続給付に要する費用の一部を負担する (法66，67条)。すなわち，日

雇労働求職者給付金以外の求職者給付に要する費用の1/4（一定の場合は1/3まで），日雇労働求職者給付金に要する費用の1/3（一定の場合は1/4まで），雇用継続給付に要する費用の1/8を負担する。このほか，国庫は，毎年度予算の範囲内で，雇用保険事業の事務の執行に要する経費（事務費）を負担することとなっている。また国庫は，原則として広域延長給付を受ける者に係る求職者給付に要する費用の1/3を負担することとなっているが，就職促進給付，教育訓練給付および雇用三事業に要する費用には国庫負担はない。

第2節　失業等給付

失業等給付は，雇用保険制度における中心的給付である。これは，求職者給付，就職促進給付，教育訓練給付および雇用継続給付に大別される（法10条）。失業等給付の体系は，図表3-1のとおりである。

1．求職者給付

1）　一般被保険者の求職者給付

一般被保険者に係る求職者給付としては，基本手当，公共職業安定所長の指示により公共職業訓練等を受講する場合に支給される技能習得手当および寄宿手当ならびに傷病手当の4種類がある。

(1)　基本手当

一般被保険者が失業した場合，離職の日前1年間（疾病・負傷の期間があるときは最長4年間）に被保険者通算が通算して6ヵ月以上あるとき，基本手当が支給される（法13条）。この基本手当の受給要件となる「被保険者期間」は，「雇用保険の被保険者期間」とは異なり，資格喪失日の前日（離職の日）から溯った1月ごとに区切り（喪失応当日方式という），この区切られた1ヵ月間の期間内に，賃金支払いの基礎となった日数が14日以上（短時間労働被保険者であった期間については11日以上）ある月を被保険者期間1月（短時間労働被保険者であった期間については2分の1月）として計算する。また，喪失応当日方式により区切られた被保険者であった期間に1ヵ月未満の端数が生じた場

図表3-1 失業等給付の体系

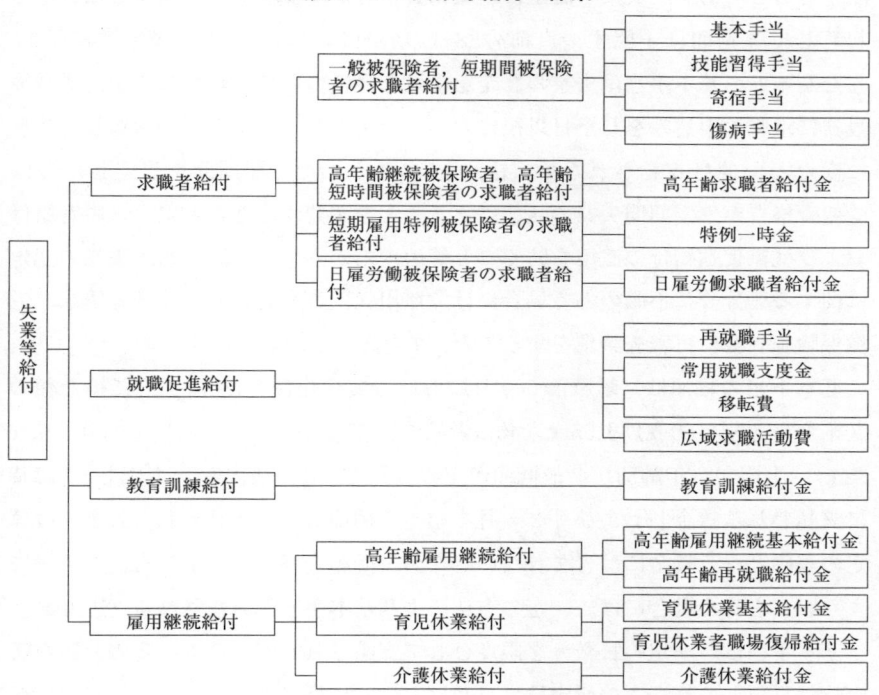

```
失業等給付
├── 求職者給付
│   ├── 一般被保険者，短期間被保険者の求職者給付
│   │   ├── 基本手当
│   │   ├── 技能習得手当
│   │   ├── 寄宿手当
│   │   └── 傷病手当
│   ├── 高年齢継続被保険者，高年齢短時間被保険者の求職者給付
│   │   └── 高年齢求職者給付金
│   ├── 短期雇用特例被保険者の求職者給付
│   │   └── 特例一時金
│   └── 日雇労働被保険者の求職者給付
│       └── 日雇労働求職者給付金
├── 就職促進給付
│   ├── 再就職手当
│   ├── 常用就職支度金
│   ├── 移転費
│   └── 広域求職活動費
├── 教育訓練給付
│   └── 教育訓練給付金
└── 雇用継続給付
    ├── 高年齢雇用継続給付
    │   ├── 高年齢雇用継続基本給付金
    │   └── 高年齢再就職給付金
    ├── 育児休業給付
    │   ├── 育児休業基本給付金
    │   └── 育児休業者職場復帰給付金
    └── 介護休業給付
        └── 介護休業給付金
```

合は，その期間の日数が15日以上あり，かつ，その期間内の賃金支払の基礎となった日数が14日以上（短時間労働被保険者であった期間については11日以上）ある期間を被保険者期間の「1/2月」（短時間労働被保険者であった期間については1/4ヵ月）として計算する（法14条）。したがって，短時間労働被保険者の被保険者期間が6ヵ月以上となるには，離職の日以前2年間に12ヵ月以上の被保険者であった期間が必要ということになる。

基本手当の受給資格者は，公共職業安定所に出頭し，離職票を提出して求職の申し込みをし，失業の認定を受けなければならない（法15条2）。失業の認定は「失業」，すなわち「被保険者が離職し，労働の意思及び能力を有するにもかかわらず，職業に就くことができない状態にあること」（法4条3）を確

認することである。失業の認定は，受給資格者が離職後最初に出頭した日から起算して4週間に1回ずつ直前の28日の各日について行われる（法15条3）。したがって，基本手当は失業の認定を受けた日について支給されるが，離職後最初に求職の申込みをした日以後において，失業している期間が通算して7日に満たない間は支給されない（法21条）。こうした待期期間を規定したのは，受給資格者が一定期間失業の状態にあることを確認するとともに，求職者給付および就職促進給付の濫用を防ぐこと等の理由からである。なお，失業の認定に関する処分等に不服のある場合には，雇用保険審査官に対して審査請求，労働保険審査会に再審査請求をすることができる（法69条）。

　基本手当の日額は，離職前6ヵ月における賃金総額を180で除して得た額の8割から6割（60歳以上65歳未満の者については8割から5割）であり（法16条1），上限額（年齢別）と最低額が定められている（法17条）。ただし，「臨時に支払われる賃金」および「3ヵ月を超える期間ごとに支払われる賃金」は算定の基礎となる賃金には含まれない。なお，受給資格者が内職等自己の労働により収入を得た場合には，一定の方法により基本手当が減額される（法19条）。

　基本手当は，一定の日数分を限度として支給されるが，この一定の日数を所定給付日数という。この所定給付日数は，受給資格者ごとにその受給資格に係る離職の日における年齢，算定基礎期間（被保険者であった期間）およびその者が就職困難な者であるかどうかによって定められている（法22条）が，算定基礎期間が1年未満の者については，一律90日とされている。なお，2001（平成13）年度からは，現在90〜300日となっている所定給付日数を90〜180日に短縮し，倒産や解雇など離職を余儀なくされた45〜59歳の中高年齢層のみは最高330日に延長されることになった（図表3-2）。図表3-3は，短時間労働被保険者であった受給資格者に係る所定給付日数である。

　基本手当の支給を受けることができる期間（受給期間）は，原則として，離職の日の翌日から起算して1年間である（法20条）。この期間を経過すると，所定給付日数のうちまだ支給されていない残日数があっても，基本手当の支給

図表 3-2　短時間労働被保険者以外の被保険者であった受給資格者の所定給付日数

現　行　⇨　改正後（所定給付日数の再構成）

一般被保険者であった受給資格者

年齢＼被保険者であった期間	1年未満	1年以上5年未満	5年以上10年未満	10年以上20年未満	20年以上
30歳未満	90日		90日	90日	180日
30歳以上45歳未満	90日	90日	180日	210日	210日
45歳以上60歳未満	90日	180日	210日	240日	300日
60歳以上65歳未満	90日	240日	300日	300日	300日

一般の離職者に対する給付日数

年齢＼被保険者であった期間	5年未満	5年以上10年未満	10年以上20年未満	20年以上
一般被保険者	90日	120日	150日	180日

倒産・解雇等による離職者に対する給付日数

年齢＼被保険者であった期間	1年未満	1年以上5年未満	5年以上10年未満	10年以上20年未満	20年以上
30歳未満	90日	90日	120日	180日	210日
30歳以上45歳未満	90日	90日	180日	210日	240日
45歳以上60歳未満	90日	180日	240日	270日	330日
60歳以上65歳未満	90日	150日	180日	210日	240日

図表 3-3　短時間労働被保険者であった受給資格者の所定給付日数

年齢＼算定基礎期間		1年未満	1年以上5年未満	5年以上10年未満	10年以上20年未満	20年以上
30歳未満		90日	90日	90日	180日	－
30歳以上60歳未満		90日	90日	180日	180日	210日
60歳以上65歳未満		90日	210日	210日	210日	210日
就職困難者	30歳未満	180日				
	30歳以上65歳未満	210日				

を受けることができない。ただし，この1年の期間内に妊娠，出産，育児，疾病，負傷等の理由で，引き続き30日以上職業に就くことができない期間がある場合は，管轄の公共職業安定所長に申し出ることにより，1年の受給期間が最長4年まで，また定年退職者については最長2年まで延長が認められる。

また，基本手当の支給を受けられる日数（所定給付日数）には特例があり，個人的事情や社会の雇用情勢などによって，その給付日数が延長されることがある。この延長給付には，①特定個別延長給付（法22条の2）と一般個別延長給付（法23条）の個別延長給付，②訓練延長給付（法24条），③広域延長給付

(法25条，26条)，④全国延長給付（法27条）の4種類があり，延長される日数は条件によって異なるが，最大2年である。

正当な理由なしに職業紹介を拒否する場合等は，就職の促進という雇用保険の目的を効果的に達成するために，基本手当の受給資格者であっても，一定期間その給付制限が行われる。たとえば，受給資格者が，公共職業安定所長の紹介する職業に就くことを拒んだり，公共職業安定所長の指示した公共職業訓練等を受けることを拒んだときは，その拒んだ日から起算して1ヵ月間は，基本手当は支給されない。ただし，紹介された職業および職種が受給資格者の能力からみて不適当と認められる場合や，就職先の賃金が不当に低い場合等は，この給付制限は行われない。また，正当な理由がなく，公共職業安定所長が行う再就職を促進するために必要な職業指導を受けることを拒んだときは，その拒んだ日から起算して1ヵ月を超えない範囲内において公共職業安定所長の定める期間は，基本手当は支給されない（法32条）。被保険者が自己の責めに帰すべき重大な理由によって解雇され，または正当な理由がなく自己の都合によって退職した場合には，待期期間満了後1ヵ月以上3ヵ月以内の間で公共職業安定所長の定める期間は，基本手当は支給されない（法33条）。偽りその他不正の行為により求職者給付または就職促進給付を受け，または受けようとした者は，原則として，その日以後，基本手当は支給されない。その後，新たな受給資格を取得したときは，給付制限を受けることなく支給される（法34条）。

(2) 技能習得手当

受給資格者が公共職業安定所長の指示した公共職業訓練等を受ける場合には，その条件を整えるための基本手当に加えて，技能習得手当と寄宿手当が支給される（法36条）。技能習得手当は，受講手当，特定職種受講手当および通所手当の3種類がある（則56条）。

① 受講手当

受講手当は，受給資格者が公共職業安定所長の指示した公共職業訓練等を受けた日（基本手当の支給の対象となる日に限る）について支給される。

受講手当の額は，日額600円である。公共職業訓練等を受講しない日，待期中の日，給付制限期間中の日，傷病手当の支給の対象となる日には，受講手当は支給されない。

② 特定職種受講手当

特定職種受講手当は，受給資格者が公共職業訓練等（国，都道府県および市町村ならびに雇用促進事業団が設置する公共職業能力開発施設の行う職業訓練に限る）であって労働大臣の定める職種（たとえば，鋳造・板金等）に係るものを受ける場合に支給される。

特定職種受講手当の額は，月額2,000円である。ただし，公共職業訓練等を受ける期間に属さない日，基本手当の支給の対象となる日以外の日，受給資格者が天災その他やむを得ない理由がないと認められるにもかかわらず公共職業訓練等を受けなかった日がある月については，日割計算により減額した額が支給額となる。

③ 通所手当

通所手当は，受給資格者がその住所または居所から公共職業訓練等を行う施設への通所のため，交通機関・自動車等を利用する場合に支給される。この場合，通所の距離は片道2km以上であることが要件となっている。通所手当の額は，交通機関を利用する場合には運賃等相当額（月額4万2500円を限度），自動車等を使用する場合には使用する距離および居住する地域に応じて，月額3,690円，5,853円，8,010円のいずれかの額である。

(3) 寄宿手当

寄宿手当は，受給資格者が公共職業安定所長の指示した公共職業訓練等を受けるため，その者により生計を維持されている同居の親族（婚姻の届出をしていないが，事実上その者と婚姻関係と同様の事情にある者を含む）と別居して寄宿する場合に，その寄宿する期間について支給される（法36条2項）。寄宿手当の額は，月額1万700円である。ただし，受給資格者が親族と別居して寄宿していない日，公共職業訓練等を受ける期間に属さない日，基本手当の支給の

対象となる日以外の日，受給資格者が天災その他やむを得ない理由がないと認められるにもかかわらず公共職業訓練等を受けなかった日がある月については，日割計算により減額した額が支給額となる。

(4) 傷病手当

傷病手当は，基本手当の受給資格者が，離職後公共職業安定所に出頭し，求職の申込みをした後において，疾病または負傷のため，引き続き15日以上職業に就くことができない場合，その者に対して基本手当に代えて支給される（法37条1）。健康保険の傷病手当金，労働基準法の休業補償，労災保険の休業補償給付（休業給付）等が支給される日については，傷病手当は支給されない（法37条8）。

2） 一般被保険者以外の求職者給付

(1) 高年齢継続被保険者の求職者給付

高年齢継続被保険者が失業した場合には，一般被保険者と異なり，一時金である高年齢求職者給付金が支給される。高年齢求職者給付金は，高年齢継続被保険者が失業した場合において，原則として，離職の日以前1年間に被保険者期間が通算して6ヵ月以上であったときに支給される（法37条の3）。被保険者期間の計算方法は，一般被保険者の場合と同様である。

高年齢求職者給付金は一時金で支給されるため，失業の認定は1回に限り行われる。高年齢求職者給付金の支給を受けることができる期限は，離職の日の翌日から起算して1年を経過する日である。この間に管轄公共職業安定所に出頭し，求職の申込みをしたうえ，失業の認定を受けなければならない。高年齢求職者給付金は，一時金で1回限りの支給のため，受給期限の延長措置はない。

高年齢求職者給付金の額は，算定基礎期間（被保険者であった期間）に応じて定められた日数分の基本手当の日額に相当する額である（算定基礎期間が1年未満＝30日，同1年以上5年未満＝60日，同5年以上＝75日）。なお，高年齢短時間受給資格者については，算定基礎期間が1年未満＝30日，同1年以上50日の基本手当の日額に相当する額である（法37条の4）。

(2) 短期雇用特例被保険者の求職者給付

　短期雇用特例被保険者が失業した場合には，求職者給付として特例一時金が支給される。特例一時金の支給を受けるには，離職の日以前1年間に，被保険者期間が6ヵ月以上あることが必要である（法39条）。この短期雇用特例被保険者についての被保険者期間の計算方法は，一般被保険者の場合と異なり，1暦月中の賃金支払の基礎となった日数が11日以上ある月を被保険者期間1ヵ月として計算する。

　特例一時金の受給期限は，離職の日の翌日から起算して6ヵ月を経過する日までである。この間に管轄公共職業安定所に出頭し，求職の申込みをしたうえ，失業の認定を受けなければならない。なお，受給期限の延長は行われない。

　特例一時金の額は，特例受給資格者について計算された基本手当の日額の50日分である。ただし，特例一時金受給のための失業の認定があった日から，受給期限日までの日数が50日未満であるときは，その日数に相当する日数分の特例一時金が支給されることになる。

　特例一時金の受給資格者が，特例一時金を受ける前に，公共職業安定所長の指示した公共職業訓練等（その期間が50日未満のものを除く）を受ける場合には，特例一時金を支給せず，当該職業訓練を受け終わる日までの間に限り，一般の受給資格者の求職者給付（基本手当，技能習得給付および寄宿手当）が支給される（法41条）。この場合は，訓練延長給付等の延長給付も受けることができる。

(3) 日雇労働被保険者の求職者給付

　日雇労働被保険者が失業した場合には，日雇労働求職者給付金が支給される。日雇労働求職者給付金には，普通給付と季節労働者等を対象にした特別給付がある。普通給付の受給には，失業の日の属する月の前2ヵ月間にその者について印紙保険料が通算して26日分以上納付されていることが必要である（法45条）。また特別給付の受給には，① 継続する6ヵ月間（以下，基礎期間という）に，印紙保険料が各月11日分以上，かつ，通算して78日分以上納付されている

こと，②基礎期間のうち，後の5ヵ月間に普通給付による日雇労働求職者給付金の支給を受けていないこと，③基礎期間の最後の月の翌月以後22ヵ月間に，普通給付による日雇労働求職者給付金の支給を受けていないこと，のいずれにも該当することが必要である（法53条）。

2．就職促進給付

就職促進給付は，失業者が再就職するのを援助，促進することを主目的とする給付であり，給付の種類としては再就職手当，常用就職支度金，移転費および広域求職活動費の4種類がある。

1) 再就職手当

再就職手当は，受給資格者が安定した職業に就いた場合において，公共職業安定所長が労働省令で定める基準に従って必要があると認めたときに支給する。ただし，当該職業に就いた日の前日における求職者給付の支給残日数が，当該受給資格に基づく所定給付日数の1/3未満である受給資格者および所定給付日数の1/3以上であって45日未満である受給資格者については，この限りでない（法56条の2，1項）。再就職手当は，受給資格者が次のすべての要件に該当する場合に支給される。

① 就職日の前日における基本手当の支給残日数が，所定給付日数の1/3以上，かつ，45日以上であること（法56条の2，1項）

② 1年を超えて引き続き雇用されることが確実であると認められる職業に就き，または事業（当該事業により当該受給資格者が自立することができると公共職業安定所長が認めたものに限る。以下同じ）を開始したこと

③ 離職前の事業主（資本，賃金，人事，取引等の状況から見て，離職前の事業主と密接な関係にある事業主を含む）に再び雇用されたものでないこと

④ 待期期間が経過した後，職業に就き，または事業を開始したこと

⑤ 受給資格に係る離職について，離職理由による給付の制限を受けた場合において，待期満了後1ヵ月の期間内については，公共職業安定所の紹介により職業に就いたこと

図表3-4　再就職手当の額

所定給付日数	支給残日数	基本手当の日額に乗ずる数
300日	200日以上300日以下	120
	150日以上200日以下	70
	100日以上150日以下	30
240日	160日以上240日以下	90
	120日以上160日以下	50
	80日以上120日以下	30
210日	140日以上210日以下	85
	105日以上140日以下	50
	70日以上105日以下	30
180日	120日以上180日以下	80
	90日以上120日以下	50
	60日以上 90日以下	30
90日	60日以上 90日以下	45
	45日以上 60日以下	30

⑥ 雇入れをすることを約した事業主が受給資格の決定に係る求職の申込みをした日前にある場合において，当該事業主に雇用されたものでないこと
⑦ その他，再就職手当を支給することが受給資格者の職業の安定に資すると認められるものであること

以上のすべてに該当する場合であっても，安定した職業に就いた日前3年の期間内に再就職手当または常用就職支度金の支給を受けたことがある場合，再就職手当は支給しない（法56条の2，2項）。

再就職手当の額は，所定給付日数の区分および支給残日数の区分に応じ，基本手当の日額に30を乗じて得た額以上，当該日額に120を乗じて得た額以下の範囲内において労働省令で定める額とする（図表3-4）。

2） 常用就職支度金

常用就職支度金は，一般の求職者給付の受給資格者，特例受給資格者（特例

一時金の支給を受けた者であって，当該特例受給資格に係る離職の日の翌日から起算して6ヵ月を経過していない者を含む）または日雇受給資格者であって，身体障害者その他の就職が困難な者として政令で定める者が安定した職業に就いた場合に，公共職業安定所長が政令で定める基準に従って必要があると認めたときに支給する（法57条1項）。

常用就職支度金の支給対象者のいずれかに該当する者が，次の要件のすべてに該当する者でなければならない。

① 公共職業安定所の紹介により1年以上引き続いて雇用されることが確実であると認められる職業に就いたこと
② 離職前の事業主に再び雇用されたものでないこと
③ 待期期間が経過した後職業に就いたこと
④ 給付の制限期間が経過した後職業に就いたこと
⑤ その他，常用就職支度金を支給することが支給対象者に該当する者の職業の安定に資すると認められるものであること

受給資格者が安定した職業に就いた日前3年以内の就職について再就職手当または常用就職支度金の支給を受けたことがあるときは，常用就職支度金は，支給しない（法57条2項）。

常用就職支度金の額は，基本手当の日額（特例受給資格者については，その者を基本手当の受給資格者とみなして，その者に支給されることになる基本手当の日額，日雇受給資格者については日雇労働求職者給付金の日額）に30を乗じて得た額とする（法57条3項）。

3） **移転費**

移転費は，受給資格者等が公共職業安定所の紹介した就職に就くため，または公共職業安定所長の指示した公共職業訓練等を受けるため，その住所または居所を変更する場合において，公共職業安定所長が労働大臣の定める基準に従って必要があると認めたときに，支給する（法58条1項）。

労働大臣が定める基準とは，待期または給付の制限の期間が経過した後に就

職し，または公共職業訓練等を受けることとなった場合であって，管轄公共職業安定所の長が住所または居所の変更を必要と認めた場合か，または，当該就職について，就職支度費（就職準備金その他移転に要する費用をいう）が就職先の事業主から支給されないとき，または，その支給額が移転費の額に満たない場合。ただし，その者の雇用期間が1年未満であること，その他，特例の事情がある場合は支給しない。移転費は，鉄道賃，船賃，車賃，移転料および着後手当である。移転費（着後手当を除く）は，移転費の支給を受ける受給資格者等の旧居住地から新居住地までの順路によって支給する。移転費の額は，受給資格者等およびその者により生計を維持されている同居の親族の移転に通常要する費用を考慮して，労働省令で定める（法58条2項）。

4） 広域求職活動費

広域求職活動費は，受給資格者等が公共職業安定所の紹介により広範囲の地域にわたる求職活動をする場合において，公共職業安定所長が労働大臣の定める基準に従って必要があると認めたときに，支給する（法59条1項）。

労働大臣が定める基準とは次の①，②である。①，②いずれにも該当するときに支給するものとされている。

① 待期または給付の制限の期間が経過した後に広域求職活動を開始するとき

② 広域求職活動に要する費用が広域求職活動のために訪問する事業所の事業主から支給されないとき，またはその支給額が広域求職活動費の額に満たないとき

広域求職活動費は，鉄道賃，船賃，車賃および宿泊料である。広域求職活動費（宿泊費を除く）は，管轄公共職業安定所の所在地から訪問事業所の所在地を管轄する公共職業安定所の所在地までの順路によって計算する。広域求職活動費の額は，広域求職活動に通常要する費用を考慮して労働省令で定める（法59条2項）。

3．教育訓練給付

　教育訓練給付は，労働者の主体的な能力開発の取組みを支援し，雇用の安定と就職の促進を図ることを目的とする給付制限として，1998（平成10）年12月1日から，失業等給付の1つとして創設された。一般被保険者または一般被保険者であった者が，労働大臣が指定する教育訓練を受け，これを修了した場合は，原則として，支払った費用の額に80/100を乗じて得た額が教育訓練給付金として支給される（法60条の2）。これまでは，最大20万円の支給であったが，最近は年間費100万円もする高額で高度な訓練が増え，社会人向け夜間大学院の指定も開始していることから，2001（平成13）年1月より援助の上限を30万円に引き上げることになった。

4．雇用継続給付

　雇用継続給付制度は，1994（平成6）年の雇用保険法の改正により創設され，1995（平成7）年4月1日から新たに導入されたものである。この給付には，高年齢雇用継続給付，育児休業給付および介護休業給付（1999年4月施行）がある。

1）　高年齢雇用継続給付

　この給付は，60歳以上65歳未満の被保険者を対象にしたもので，65歳までの雇用の継続を援助することを目的としており，高年齢雇用継続基本給付金と高年齢再就職給付金の2種類がある。

(1)　高年齢雇用継続基本給付金

　高年齢雇用継続基本給付金は，60歳以上65歳未満の一般被保険者であって，その各月（支給対象月）の賃金額が60歳到達時の賃金月額の85％未満に低下した状態で雇用されているときに支給される。ただし，被保険者であった期間が5年以上あって，60歳以降基本手当を受給していないことが必要である。また，支給対象月に支払われた賃金の額が支給限度額（平成11年8月1日以後392,485円）以上であるときは，支給されない。

　支給額は，支給対象月の賃金が60歳到達時の賃金月額の64％未満であるときは，支給対象月の賃金額に25/100を乗じて得た額（支給対象月の賃金額×

0.25）で，支給対象月の賃金が60歳到達時の賃金月額の64％以上85％未満であるときは，当該支給対象月に支払われた賃金の額に25/100から一定の割合で逓減するように労働省令で定める率を乗じて得た額（－16/21×支給対象月の賃金額＋13.6/21×60歳到達時の賃金月額）とする（法61条の1）。ただし，算定された額と当該賃金の額を加えて得た額が支給限度額を超える場合は，支給限度額から当該賃金の額を差し引いた額が支給される。支給の対象となる月は，原則として，被保険者が60歳に達した日の属する月から，65歳に達する日の属する月までである。

(2) 高年齢再就職給付金

高年齢再就職給付金は，60歳に達した日以後に基本手当の支給を受け，その支給残日数が100日以上ある受給資格者が，安定した職業に再就職して，被保険者となった場合に支給される。ただし，被保険者であった期間が5年以上あって，再就職後の各支給対象月の直前の離職時の賃金月額と比べて85％未満に低下した状態で雇用されているときに支給される（法61条の2）。また，再就職後の支給対象月に支払われた賃金の額が支給限度額（平成11年8月1日以後39万2,485円）以上であるときは支給されない。支給額の計算方法は，高年齢雇用継続基本給付金の場合と同じである。その際，「60歳到達時の賃金月額」を「直前の離職時の賃金月額」として計算する。

高年齢再就職給付金の支給を受けることができる期間は，再就職した日の前日における基本手当の支給残日数が200日以上の場合は2年間，支給残日数が100日以上200日未満の場合は1年間となる。ただし，被保険者が65歳に達した場合は，その期間にかかわらず，65歳に達する月までとなる。

2） 育児休業給付

育児休業給付には，育児休業基本給付金と育児休業者職場復帰給付金の2種類がある。

(1) 育児休業基本給付金

育児休業基本給付金は，1歳未満の子を養育するため育児休業をした被保険

者であって，育児休業開始前2年間に「みなし被保険者期間」(賃金支払の基礎となった日数が11日以上ある月)が12ヵ月以上ある者に支給される。支給額は，休業以前の賃金月額の20％相当額で，休業開始日から起算して1月ごとに支給される。ただし，1ヵ月に事業主から支払われた賃金が休業開始前賃金の80％以上である場合，育児休業基本給付金は支給されない(法61条の4)。

(2) 育児休業者職場復帰給付金

育児休業基本給付金の支給を受けることのできる被保険者が，休業期間中被保険者として雇用されていた事業主に，休業終了後引き続き6ヵ月以上雇用されているときに支給される。支給額は，休業以前の賃金月額×0.05×育児休業基本給付金の対象となった月数である(法61条の5)。

今回の改正では，2001(平成13)年1月より，(1)の育児休業基本給付金を30％，(2)の育児休業者職場復帰給付金を10％，合わせて40％に引き上げることになっている。

3) 介護休業給付

介護休業制度の義務化に伴い，労働者が介護休業をとりやすくし，またその後の職場復帰の援助・促進を目的とする介護休業給付制度が創設され，1999(平成11)年4月1日から施行された。介護休業給付としては介護休業給付金がある。

介護休業給付金は，一般保険者が要介護状態にある対象家族を介護するために休業した場合，休業を開始した日前2年間(一定の場合，最長4年間)に，「みなし被保険者期間」が通算して12ヵ月以上あるときに支給される。対象家族とは，配偶者，父母，子，配偶者の父母および被保険者が同居し，かつ，扶養している祖父母，兄弟姉妹および孫である。

支給額は，休業以前の賃金月額の25％相当額で，休業開始日から起算して1月ごとに支給される。支給期間は休業を開始してから3ヵ月で，1人の家族につき1回だけの支給である。ただし，1ヵ月に事業主から支払われた賃金が休業開始前賃金の80％以上である場合，介護休業給付金は支給されない(法61条

の7）。2001（平成13）年1月から，期間中の25％を支給する介護休業給付金についても，給付率を40％に引き上げることになっている。

第3節　雇用三事業

　雇用保険には失業等給付のほか，労働者の職業安定に資するため，雇用安定事業，能力開発事業，雇用福祉事業の三事業が行われている。これらの事業に要する費用は，雇用保険料率のうち，事業主のみが負担する3.5/1000（建設業は4.5/1000）の部分をもって充てることとしている。

1．雇用安定事業

　雇用安定事業は，失業の予防，雇用状態の是正，雇用機会の増大その他雇用の安定を図るため，事業主に対する各種の給付金の支給等の事業を行う。具体的には，①経済上の理由により，事業活動の縮小を余儀なくされて労働者の休業，職業教育訓練等を行った事業主に対する雇用調整助成金（則102の3），②定年引上げ，定年到達者の再雇用等，高齢者の雇用の延長・雇用安定を図る事業主に対する継続雇用定着促進助成金（則104），高年齢者雇用環境整備奨励金（則105），高齢期就業準備奨励金（則107），③雇用機会増大の必要がある地域に事業所を移転し新規雇用する等の事業主に対する地域雇用開発助成金（則112），大規模雇用開発促進助成金（則113），通年雇用安定給付金（則114），④障害者その他の就職が特に困難な者を雇用する事業主に対する特定求職者雇用開発助成金（則110），⑤育児・介護を行う労働者の雇用の安定に資する措置を講じた事業主に対する育児・介護雇用安定助成金（則116）などがある（法62条）。

2．能力開発事業

　能力開発事業は，労働者が職業生活の全期間を通じて，その能力と開発向上させることを促進するために行われる事業である。その主な内容としては，①職業訓練を行う事業主等に対する中小企業人材育成事業助成金（則122），認定訓練助成事業費補助金（則123），②生涯能力開発等の促進のための生涯能力開

発給付金（則125），人材高度化助成金（則125の３），③職業能力開発推進者講習（則125の５）や職場適応訓練（則131）などである（法63条）。

3．雇用福祉事業

雇用福祉事業は，ゆとりある充実した職業生活を実現するため，職業生活上の環境の整備改善，就職の援助その他労働者の福祉の増進を図るために行われる。たとえば，①雇用促進住宅の設置・運営，②就職資金の貸付および身元保証等，③職業に関する調査研究等がある（法64条）。なお，雇用福祉事業の多くは，雇用促進事業団が行っている。

第４節　不服申立て

被保険者資格の取得および喪失に関する確認，失業等給付に関する処分および不正受給に係る返還命令または納付命令の事項について不服のある者は，雇用保険審査官に対して審査請求をし，その決定に不服のある者は労働保険審査会に対して再審査請求をすることができる（法69条１項）。ただし，審査請求をした日の翌日から起算して３ヵ月を経過しても雇用保険審査官による審査請求についての処分の決定がないときは，その決定を経ないで，労働保険審査会に対して再審査請求をすることができる。

審査請求は，各都道府県に設置の雇用保険審査官に対して行う（労保審法２条２項）。原則として，処分があったことを知った日の翌日から起算して60日以内にしなければならない（労保審法８条１項）。なお，審査請求は，文書または口頭ですることができる（労保審法９条）。

再審査請求は，労働大臣の所轄下に置かれている労働保険審査会に対して行う（労保審法25条１項）。再審査請求は，雇用保険審査官による決定書の謄本が送付された日の翌日から起算して60日以内に行い，また，文書でしなければならない（労保審法39条）。

審査請求または再審査請求は，時効の中断に関しては，裁判上の請求とみなされる（法69条２項）。被保険者資格の取得および喪失の確認に関する処分が確

定したときは，当該処分についての不服を当該処分に基づく失業等給付に関する処分についての不服の理由とすることができない（法70条）。

裁判所に対する処分の取消しの訴えは，当該処分についての再審査請求に対する労働保険審査会の裁決を経た後でなければ，提起することはできない（法71条）。ただし，再審査請求をした日の翌日から起算して3ヵ月を経過しても労働保険審査会による裁決がない場合に限り，提起することができる。再審査請求について労働保険審査会による裁決を経ることにより生ずるいちじるしい損害を避けるため，緊急の必要があるときは裁決を経ることにつき正当な理由があるときに，提起することができる。雇用三事業に関する処分について不服がある場合には，行政不服審査法の定めにより，処分庁の上級庁に対して審査請求を行うことができる。

第5章　雇用保険の課題

景気低迷による厳しい雇用情勢が影響し，雇用保険財政は単年度で1兆数千億円の赤字となり，2001（平成13）年度にも積立金が枯渇すると見込まれるほど財政は逼迫している（図表3-5）。そうしたなかで，通常国会に雇用保険法等一部改正案が提出され，2000（平成12）年4月28日に成立した。

今回の改正内容の主要な柱については，すでにふれてあるが，以下の点に要約される。

第1に，保険財政の悪化に対応するため，雇用保険料のうち，失業等給付に係る部分について現在の暫定措置を廃止し，12/1000に引き上げるとともに，国庫負担も14％から，本則の25％に引き上げたことである。これらにより，労働省は失業率が4％台半ばと想定すれば単年度で収支は均衡すると試算している。第2に，中高年リストラ層等への求職者給付の重点化として，現行の給付日数を見直し，定年退職者を含め，離職前から予め再就職の準備ができるような者に対する給付日数は圧縮する一方で，中高年層を中心に倒産・解雇などにより離職を余儀なくされた者には十分な給付日数を確保するように再編したこ

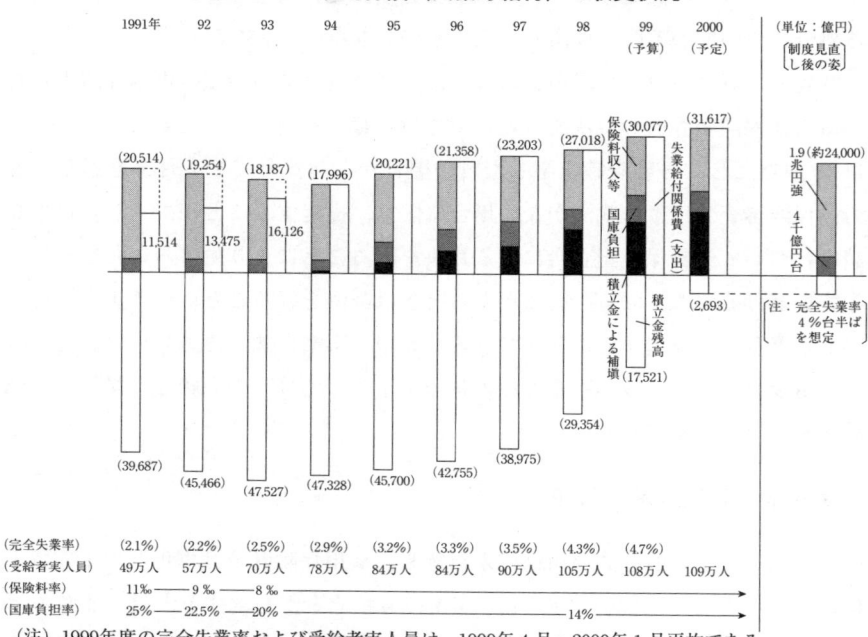

図表3-5　雇用保険（失業等給付）の収支状況

	1991年	92	93	94	95	96	97	98	99(予算)	2000(予定)	（単位：億円）制度見直し後の姿
保険料収入等・国庫負担	(20,514) 11,514	(19,254) 13,475	(18,187) 16,126	(17,996)	(20,221)	(21,358)	(23,203)	(27,018)	(30,077)	(31,617)	1.9兆円強
失業給付関係費（支出）	(39,687)	(45,466)	(47,527)	(47,328)	(45,700)	(42,755)	(38,975)	(29,354) 積立金による補塡	(17,521) 積立金残高	(2,693)	4千億円台
完全失業率	(2.1%)	(2.2%)	(2.5%)	(2.9%)	(3.2%)	(3.3%)	(3.5%)	(4.3%)	(4.7%)		注：完全失業率4%台半ばを想定
受給者実人員	49万人	57万人	70万人	78万人	84万人	84万人	90万人	105万人	108万人	109万人	
保険料率	11‰	9‰	8‰								
国庫負担率	25%	22.5%	20%				14%				

（注）1999年度の完全失業率および受給者実人員は，1999年4月～2000年1月平均である。
資料：労働省職業安定局雇用保険課「雇用保険法改正のポイント」（『ビジネスガイド7月号』所収）
　　　日本法令，2000年，22頁

とである。第3に，少子高齢化の進展に対応して，育児休業給付および介護休業給付の給付率を休業前賃金の現行25%から40%に引き上げたことである。第4に，短時間労働者への適用拡大であり，従来の年収制限（90万円）が撤廃されたことである。

　こうした改正は望ましい方向への改善ではあるが，「離職を余儀なくされた」理由がない，とみなされると，失業手当は現状より大幅に減額されるので，労使が結託して自発的離職や定年退職者を解雇扱いにすることで手当額を増やす行動にでないかが懸念される。今回の雇用保険改正の目玉は，離職理由による給付期間の格差付けであったが，雇用安定事業，能力開発事業，雇用福祉事業の雇用保険三事業も，早急に支給内容の見直しを行い，整備する必要がある。

参考文献
- 労働省労働保険徴収課編『労働保険の手引』労働行政研究所　1999年
- 労働省職業安定局雇用保険課監修『必携雇用保険の実務』労働基準調査会　1997年
- 社会・労働保険実務研究会編『社会保険・労働保険の事務百科』清文社　2000年
- 新・社会福祉学習双書編集委員会編『社会保障論』全国社会福祉協議会　1998年
- 社会保険庁監修『社会保険手帳』厚生出版社　1999年
- 『ビジネスガイドNo.547』日本法令　2000年

第4章　社会手当

社会手当は，資産調査や拠出を要件とせずに，ほぼ定型的な給付を行う制度である（所得制限はある）。この意味で，社会手当は社会保障における所得保障部門に属するが，それは所得保障部門の他の給付，すなわち公的扶助や年金保険とは異なる。ここでは，定型的な金銭給付の中心である社会手当としての児童手当，児童扶養手当および特別児童扶養手当等を取り上げることとする。

第1節　児童手当

児童手当は，①日本国内に住所を有すること，②3歳未満の児童を監護し，かつその児童と一定の生計維持関係にあること，③前年（1月から5月までの月分の児童手当については，前々年）の所得が一定の額に満たないこと，のすべてに該当する者に支給される（法4，5条）。このうち，②でいう一定の生計維持関係とは，児童を養育する者が父母であるときは，監護している児童と生計を同じくすることであるので，児童と父母との間の生活の一体性が要件となる。また，父母以外の者が児童を監護するときは，その児童の生活を維持することが要件となる。③の要件は所得制限であるが，1999（平成11）年6月分以降の児童手当については，所得限度額は年間284万円（4人世帯所得ベース）である。なお，所得制限により手当を受けられなくなる被用者については，全額事業主負担による児童手当と同額の給付が行われるが，こうした特例給付についても所得制限が設けられており，6月分以降の手当については，年間475万円（4人世帯所得ベース）となっている。児童手当の支給対象年齢は，2000（平成12）年6月より，「3歳未満」から「義務教育就学前まで」に延長されたが，手当額は引き上げられることなく，第1子，第2子に月額5,000円，第3子以降の児童につき月額1万円が支給される。

児童手当を受けようとする者は，受給資格および児童手当の額について，そ

の住所地の市町村長（特別区の区長を含む）の認定を受けなければならない。市町村長は，認定を受けた者に対して，認定を請求した月の翌月から支給事由の消滅した日の属する月まで，児童手当を支給する（法7，8条）。支給期月は2月，6月，10月で，それぞれの前月までの分が一括して支払われる（法8条4項）。なお，受給資格者が正当な理由がなく，受給資格の有無などの調査に関する市町村長の書類提出命令に従わず，またはこれらに関する職員の質問に応じなかったとき，あるいは規定による届出や書類の提出をしないときは，児童手当の支給が制限される（法10，11条）。

　児童手当の費用負担は，3歳未満の場合，児童の養育者である受給対象者が被用者，非被用者，公務員のどのグループに所属するかでそれぞれ異なる。すなわち被用者の場合は事業主が7/10，国庫が2/10，残りの1/10をそれぞれ都道府県と市町村が0.5/10ずつ分担する。非被用者の場合は国庫が4/6，都道府県と市町村がそれぞれ1/6を負担する。公務員の場合は，雇用主である当該団体が全額負担する（法18条）。「3歳から義務教育就学前」までの費用負担は，国が2/3，地方が1/3の負担となる。支給対象年齢の延長に必要な財源は，約2千200億円とされるが，このうちの2千億円は年少扶養控除（16歳未満）を48万円から38万円へ引き下げることにより賄われることになる。なお，市町村に対しては，児童手当の支給に要する費用のうち一定割合が交付金として国から交付される（法19条）。

　児童手当制度は数次の改正を経てきたが，未だ基本的な問題点が解決されたとはいえない。児童手当はすべての児童に無差別平等に支給することが原則である。この意味からすれば，わが国の児童手当制度はあまりにも貧しい。わが国のそれは事実上，幼児手当とはいえても児童手当とは呼べない状況である。したがって，今後の児童手当制度のあり方としては，法律の名称に相応しい内容に改めることであるが，それには次代の社会を担う「すべての児童の社会的扶養」という観点へ明確に転換することが必要である。所得制限の撤廃や支給期間の延長を含め，児童手当制度の名に値する抜本的改革が待たれるところで

ある。

第2節　児童扶養手当

　国民年金法が1959（昭和34）年に創設され，その中で死別母子世帯を対象とした無拠出制の母子福祉年金の支給が開始されたことに伴い，生別母子世帯についても同様の社会保障制度を設けるべきであるとの議論が起きてきた。しかし，離婚など生別母子世帯となるに至った原因は保険事故になじまないため，年金制度の中に生別母子世帯に対する対策をもり込むことはできず，国民年金法とは別個の法律として児童扶養手当法が制定されたのである。

　児童扶養手当法は，このように母子福祉年金の補完的制度として1962（昭和37）年1月1日から発足したが，この制度と母子家庭を取り巻く状況が大きく変化したため，1985（昭和60）年8月には改正法が施行され，母子世帯の生活の安定と自立促進を通じて児童の健全育成を図ることを目的とする福祉制度に改められた。

　児童扶養手当は，①父母が婚姻を解消した児童，②父が死亡した児童，③父が一定の障害の状態にある児童，④父の生死が明らかでない児童，⑤父が引き続き1年以上遺棄している児童，⑥父が法令により引き続き1年以上拘禁されている児童，⑦母が婚姻によらないで懐胎した児童，などのいずれかに該当する児童（18歳に達する日以後の最初の3月31日までの間にある者または20歳未満で一定の障害状態にある者）の母がその児童を監護するとき，または母がいないか，もしくは母が監護をしない場合において当該児童の母以外の者がその児童を養育する（その児童と同居してこれを監護し，かつその生計を維持することをいう）ときは，その母，またはその養育者に支給される（法4条1項）。ただし，児童扶養手当は，児童が，①日本国内に住所を有しないとき，②父または母の死亡について公的年金や遺族補償などを受けることができるとき，③父に支給される公的年金給付の額の加算の対象となっているとき，④里親に委託されているとき，⑤父と生計を同じくしているとき，⑥母

の配偶者に養育されているとき，などのいずれかに該当するときは支給されない。また，受給者（母または養育者）が，①日本国内に住所を有しないとき，②老齢福祉年金以外の公的年金給付を受けることができるときも支給されない。なお，受給資格者本人またはその扶養義務者などの前年の所得が政令で定める額以上であるときは，その年の8月から翌年の7月まで支給停止される（法4条2項）。

　1982（昭和57）年1月からは，受給者の国籍要件が撤廃され，日本国民でない者も日本国内に住所を有する限り新たに支給されることとなった。また，1998（平成10）年8月からは，母が婚姻によらないで懐胎した児童であって，父から認知された児童についても支給対象にすることになった。

　児童扶養手当の支給方法は，受給資格者の申請に基づき都道府県知事が認定し，金融機関を通じて年3回（4・8・12月），それぞれ前月までの分を支払う（法6，7条）。現在の手当額は，児童1人の場合が4万2,130円，児童2人の場合が4万7,130円，3子以降の児童1人当たりの加算額は3,000円である（1998年度）。なお，受給資格者本人またはその扶養義務者などの前年の所得が政令で定める額以上であるときは，手当の全部または一部がその年の8月から翌年の7月まで支給停止される。手当の支給に要する費用は，その3/4に相当する額を国が負担し，その1/4に相当する額を都道府県が負担する（法21条）。

　児童扶養手当の受給者数は，1997（平成9）年3月末で62万4,101人であるが，その内訳をみると，①離婚54万5,667人，②未婚の母3万6,582人，③遺棄1万6,442人，④死別1万1,326人，⑤父障害4,227人，⑥その他9,587人となっている（厚生省児童家庭局調べ）。

第3節　特別児童扶養手当等

　特別児童扶養手当は，1964（昭和36）年の「重度精神薄弱児扶養手当法」として発足したが，同法は1966（昭和41）年に支給対象を「身体に重度の障害を有する児童」にも拡大して「特別児童扶養手当法」に改められた。その後，外

部障害に限られていた対象障害の範囲が拡大され，新たに内臓疾患等の内部障害，精神病等の精神障害の併合障害が含まれることとなった。その結果，心機能障害，結核性疾患，腎臓疾患，血液疾患等の身体障害，精神分裂症，てんかん，そううつ症等の精神障害などを有する障害児についても手当が支給されることとなった。

1974（昭和49）年には，精神または身体の重度の障害が重複している者の監護者等に対し特別福祉手当を支給することとし，法律名も現在の『特別児童扶養手当等の支給に関する法律』に改められた。また，1975（昭和50）年には，特別児童扶養手当の支給対象が国民年金法2級に相当する障害を有する児童にまで拡大され，これにより特別児童扶養手当に1級と2級が設けられ手当額も別々とされた。なお，前述の特別福祉手当は，1975（昭和50）年の法改正により，新しい福祉手当制度に再編成され，重複障害者のみならずより広範な重度障害者に手当が支給されることになった。この福祉手当は，年齢を問わず，在宅の重度障害者のうち，障害を支給事由とする公的年金等の給付を受けることのできない者に支給された。

その後，障害者の自立生活の基盤となる所得保障制度を確立するため，年金制度改革のなかで国民年金法等に障害基礎年金が創設されたことに合わせて，成人の福祉手当制度を再編成し，20歳以上であって日常生活に常時特別の介護を要する程度の在宅の重度障害者を対象とする特別障害者手当が創設され，1986（昭和61）年度から実施された。それに対し，20歳未満の在宅の重度障害児に対する福祉手当は，名称を障害児福祉手当に変更し存続することとされた。また，従来の福祉手当受給者のうち，特別障害者手当の支給要件に該当せず，かつ障害基礎年金等をも支給されない者に対しては，経過措置として福祉手当が支給されることになっている。

特別児童扶養手当等に関する法律は，法の目的を次のように規定する。すなわち，「この法律は，精神又は身体に障害を有する児童について特別児童扶養手当を支給し，精神又は身体に重度の障害を有する児童に障害児福祉手当を支

給するとともに，精神又は身体に著しく重度の障害を有する者に特別障害者手当を支給することにより，これらの者の福祉の増進を図ることを目的とする」（法1条）。ここにいう「障害児」とは，20歳未満で政令で定める1級および2級の障害等級に該当する程度の障害の状態にある者をいい，「重度障害児」とは障害児のうち重度の障害の状態にあるため，日常生活において常時特別の介護を必要とする者をいい，「特別障害者」とは，20歳以上で重度の障害の状態にあるため，日常生活において常時特別の介護を必要とする者とされる（法2条）。

1．特別児童扶養手当

特別児童扶養手当は，障害児の父もしくは母がその障害児を監護するとき，または父母以外の者がその障害児を養育する（その障害児と同居して，これを監護し，かつ生計を維持することをいう。以下，同じ）ときは，その父もしくは母またはその養育者に対して支給される（法4条）。ただし，手当は，①児童や受給者が日本国内に住所を有しないとき，②児童が障害を支給事由とする年金給付を受けることができるとき，のいずれかに該当するときは支給されない。手当は児童が福祉施設（収容）に入所しているときは父母の監護または養育者の養育は行われていないと考えられるので支給されない。なお，所得の高い者に対してまで手当を支給する必要は乏しいので所得制限が行われる。

特別児童扶養手当は，児童扶養手当等と同様，国籍要件が撤廃され，日本国民でない者も日本国内に住所を有する場合は支給の対象とされる。

支給手続は，申請主義をとっているため，市町村の窓口へ必要書類を添えて申請し，都道府県知事の認定を受けなければならない（法5条）。手当は，申請の翌月分から支給され，毎年3回（4・8・12月），それぞれの前月までの分が支払われる。手当の支払いに関する事務は郵政大臣が行うものとされ，支払窓口は郵便局となっている。

手当月額は法定されているが，1998（平成10）年度は，1級（重度）に該当する障害児1人につき5万1,250円，同じく2級（中度）に該当する障害児1

人につき3万4,130円である。なお、手当の支給に要する費用は、全額国が負担する。

特別扶養手当の支給状況は、1997（平成9）年度末現在、受給者数で12万8,432人、支給対象児童数では13万1,511人（1級7万9,911人、2級5万1,600人）となっている。また、障害別の内訳をみると、知的障害が7万2,731人と最も多く、身体障害が3万9,839人、その他が1万8,941人となっており、知的障害がほぼ半数を占めている（厚生省大臣官房障害保健福祉部調べ）。

2．障害児福祉手当

障害児福祉手当の対象は、20歳未満であって、政令で定める程度の重度の障害の状態にあるため、日常生活において常時の介護を必要とする程度の状態にる在宅の障害者で都道府県知事、市長および福祉事務所を管理する町村長の認定を受けた障害児である。ただし、他に障害を支給事由とする給付で政令で定めるものを受けることができるとき、または肢体不自由児施設その他これに類する施設で厚生省令で定めるものに収容されているときは支給されない（法17条）。手当は特別児童扶養手当とは併給される。なお、手当は障害児本人に支払われる。

手当の月額は、1998（平成10）年4月以降、1万4,520円である。手当の支給を受けようとするときは、その受給資格について、都道府県知事、市長または福祉事務所を管理する町村の認定を受けなければならない（法19条）。手当の支給に要する費用は、その3/4に相当する額を国が負担し、その1/4に相当する額を都道府県、市または福祉事務所を設置する町村が負担する（法25条）。

3．特別障害者手当

特別障害者手当の対象は、20歳以上であって、政令で定める程度の障害の状態にあるため、日常生活において常時特別の介護を必要とするような在宅の重度の障害者で都道府県知事、市長および福祉事務所を管理する町村長の認定を受けた者である。ただし、身体障害者療護施設その他これに類する施設で厚生省令で定めるものに収容されているとき、または病院や診療所に3ヵ月を超え

て入院しているときは支給されない。障害基礎年金との併給も可能であるが,「原子爆弾被爆者に対する援護に関する法律」に基づく介護手当を受けることができる場合は,支給額の調整が行われる。

　手当額は,1998（平成10）年4月以降,1人につき月額2万6,700円である。障害児福祉手当と同様,手当は障害者本人に支給される。支給の手続等も,障害児福祉手当と同様である。なお,手当は,毎年2月,5月,8月および11月に,それぞれ前月分までを支給する。

参考文献
- 厚生統計協会編『国民の福祉の動向』厚生統計協会　1998年
- 坂本龍彦『児童扶養手当法・特別児童扶養手当等の支給に関する法律の解釈と運用』中央法規出版　1987年
- 社会保障入門編集委員会編『社会保障入門』中央法規出版　1999年

第5章 生活保護制度

第1節 生活保護の考え方

1．生活保護の基本原理
1） 生存権保障・国家責任の原理
　生活保護法第1条は，「この法律は，日本国憲法第25条に規定する理念に基き，国が生活に困窮するすべての国民に対し，その困窮の程度に応じ，必要な保護を行い，その最低限度の生活を保障するとともに，その自立を助長することを目的とする」と規定している。この規定が生存権保障の原理（国家責任の原理）を示しているが，この原理は目的の原理ともいう。ここでは，憲法第25条の生存権保障規定が生活保護制度の根拠であること，保護は国の責任において行われること，保護の対象は生活に困窮するすべての国民であること，生活困窮の程度に応じての保護であることなどを明らかにし，最低生活の保護を権利として主張できること，および国民に健康で文化的な最低生活を保障することは国の義務であることを明確化したものである。

　国家責任の原理は，具体的な制度の上では，①国は生活保護の責任を他の社会福祉事業を経営するものに転嫁し，または財政的援助を求めないこと（社会福祉事業法5条），②国は生活保護実施体制を行財政上確立すること（生活保護法19条，同70～75条）などの点に現れている。

　なお，最低限度の生活保障とともに自立の助長が法目的であるとしているが，ここでの自立助長は惰民防止の観点からの保護抑制政策の根拠とするのではなく，生存権保護をより積極的に推し進めるという意味において捉えるべきである。

2） 無差別平等の原理
　これは，憲法第14条の「法の下の平等」を生活保護法に具体化したものであ

る。すべての国民は法の定める受給要件を充足すれば，無差別平等に保護を受けることができる。したがって，戦前の救貧立法のような対象制限条項を設けることは許されないし，ましてや生活困窮者の信条，性別，社会的身分または門地等による差別的な取扱いは禁止されている（法2条）。特に困窮に陥った原因によって差別を加えないということを意味している。

ここでいう「国民」とは，日本国籍を有する者であり，外国人は含まないとするのが従来からの行政当局の考え方である。ただし，人道上，治安上ないし外交関係上，困窮外国人を放置できないとして，生活保護法を準用することにしている（厚生省社会社会局長通知昭和29年5月8日）。1981（昭和56）年，「難民の地位に関する条約」の批准に伴って制定された「難民条約関係整備法」（昭56年法86号）によって，国民年金法等における国籍要件が撤廃されたが，生活保護法に関しては，従来から外国人にも準用されてきたという理由で法改正はなされなかった。しかし，準用である以上一方的な行政措置にすぎず，法律上の権利として保障されるわけではないので，外国人は保護を請求できる立場にはなく，また不服申立てをすることができないと解されている（厚生省社会局長通知昭和29年5月8日）。この点，国際社会保障の内外人均等待遇の流れに逆行するので早急な改正が望まれる。

3） **最低生活保障の原理**

生活困窮者の保護内容は「最低限度の生活」であり，それは「健康で文化的な生活水準」を維持するものでなければならない（法3条）。生活保護が生存権の実現をめざすものである以上，その給付は「人たるに値する生活」水準でなければならないのは当然である。

どの水準が「健康で文化的な最低限度の生活」であるかは，抽象的・相対的な概念であり，文化の発達や国民経済の進展とともに変化するが，「それが人間としての生活の最低限度という一線を有する以上，理論的には特定の国における特定の時点においては，一応客観的に決定すべきものであり，またし得るものである」（朝日訴訟，東京地裁判例昭和35年10月19日）。したがって，保護基

準の決定が多くの不確定要素に依存することを理由に，これを，行政庁の完全な自由裁量に任せてしまうのは適切ではない。最高裁も，保護基準については，一応厚生大臣の合目的的な裁量に任されてはいるが，「現実の生活条件を無視して著しく低い基準を設定する等……法律によって与えられた裁量権の限界をこえた場合には，違法な行為として司法審査の対象となる」（朝日訴訟）と述べている。もっとも，裁量権の限界をどこにおくかによっては，自由裁量との違いがなくなるので，「最低生活」の判断に当っては，生存権の趣旨を没却しないような配慮が必要であろう。

4）　**補足性の原理**

　生活保護による保護は，生活に困窮する者が，その理由し得る資産，能力，その他あらゆるものを，その最低限度の生活維持のために活用することを要件として行われる（法4条1項）。民法に定める扶養義務者の扶養およびその他による扶助は，すべてこの法律による保護に優先して行われる（法4条2項）。この補足性の原理は公的扶助制度の特徴である。ただし，この原理は，「急迫した事由がある場合に必要な保護を行うことを妨げるものではない」（法4条3項）。

(1)　資産の活用と保有

　保護の補足性の原理により，最低生活の内容に適さない資産は換価処分をして最低生活費に充当するのが原則である。しかし，このことは，要保護者がまったく資産を保有できないことを意味するものではない。

　生活保護法の制定当時にあっては，家具什器・衣類寝具などの生活用品を除き，資産も貯金もまったくなくなってから，収入が基準以下であることを条件に保護が行われるのが当然と考えられていたが，現在では，自立助長などの観点から，生活用品のほかに，現実または近い将来において最低生活の維持のために活用され，かつ，処分するよりも保有していた方が生活維持および自立助長に実行があがると認められるものは，実施要領（通達）によって保有が認められるようになっている。しかし，最終的には，こうした通達に基づきながら，

個々の生活実態およびその地域の実情などを勘案し判断することとならざるを得ない。

① 宅地・家屋

　居住地の土地・家屋は，保有を認める。具体的には，宅地については，ア）世帯の居住の用に供される家屋に付属した土地で，建築基準法第52条および第53条に規定する必要な面積のもの，イ）農業その他の事業の用に供される土地で，事業遂行必要最小限度のものは保有が認められる。また家屋については，世帯の居住の用に供されるものは保有できる。ただし，当該世帯の人員，構成などから判断して部屋数に余裕があると認められる場合は，間貸し等により活用させることとなっている。しかし，いずれの場合にも，その処分価値が利用価値に比していちじるしく大きい場合には売却すべきものとしている。その価値判断が困難な場合は，原則として各実施機関が設置する処遇検討会で検討を行うこととされている。具体的には，（ア）土地・家屋の見込処分価値の精査，（イ）土地・家屋の処分の可能性，（ウ）世帯の移転の可能性，（エ）世帯員の健康状態・生活歴，（オ）世帯と近隣との関係，（カ）世帯の自立の可能性，（キ）地域の低所得者の持ち家状況，土地・家屋の平均面積，地域感情，（ク）その他必要な事項について検討し，当該世帯の実情に応じた土地・家屋の保有の容認あるいは活用の方策など総合的な処遇方針について意見をまとめることになっている。ただし，居住用の土地・家屋は生活の基盤であり，それを失わせることは要保護者の自立の基盤を失わせる恐れがあり，慎重な検討が必要である。

　土地・家屋でも，ローン償還中のものは，利殖の手段になるので保有が認められない。また，貸家は保有は認められないが，当該世帯の再保護推定期間（おおむね3年以内）における家賃の合計が売却代金より多いと認められる場合は，保有を認め貸家として活用させることとなっている。

② 事業用品，生活用品

　事業用品（事業用設備，事業用機械器具，商品，家畜）については，当該地域の低所得世帯との均衡を失することにならず，当該世帯の世帯員が現に利用しているなど，世帯の収入増加にいちじるしく貢献しているものは保有が認められる。また，生活用品に関しては，家具什器や衣類寝具は世帯の人数や構成からみて利用の必要があると認められる品目や数量に限り保有を認め，趣味装飾品は処分価値が小さいものに限り保有が認められる。しかし，貴金属および債権は保有することはできない。一般的にいえば，生活用品については，「当該地域の一般世帯との均衡を失することにならない」場合，すなわち当該地域の全世帯の70%の普及率のある物品については保有が認められる（局長通達第3-4-(4)）。この基準により，電気洗濯機，テレビ，冷蔵庫および電話は保有が認められている。また，寝たきり老人や身体障害者などのいる世帯が，ルームエアコンを利用している場合であって，その保有が社会的に認められる場合は，当該地域の普及率が低い場合であっても，次官通達第3-5にいう「社会通念上処分させることを適当としないもの」としてルームエアコンの保有が認められる。

③ 自動車

　自動車については，ア）事故を起こした場合の保障の困難さ，イ）高額な維持費により最低生活の維持が困難，ウ）地域の他に低所得世帯とのバランスを失するなどの理由で，保有を認めないのが実務的取扱いの基準である。ただし，身体障害者や山間僻地等に居住する者で自動車による通勤以外に方法がない者については自動車の保有は認められる。

　しかし，近年の公共交通機関の運行縮小など，社会情勢の変化に伴い，山間僻地等に居住していない場合であっても，夜勤，早出といった勤務形態によっては，公共交通機関が利用できないか，または利用することがいちじるしく困難なケースが生じる。そのため，1999（平成11）年度からは，これらの場合も山間僻地等に居住する場合に準じて通勤用自動車の保有を

認めることとされた。この場合は，事前に都道府県知事（政令指定都市，中核市の市長を含む）の承認を得ることが必要である。

④現金・預貯金・保険

　資産保有の範囲は年々拡大されているが，現金や預貯金の保有は原則として認めず，収入認定の対象になる。ただ保護開始時における手持金（預貯金を含む）については，当該世帯の最低生活費（医療扶助を除く）の5割までは保有を容認することとし，1999（平成11）年度からこれにより実施することとされた（課長通達第7-10-2，新設）。

　保護費を原資とする預貯金は，その目的が生活保護法の目的に反せず，国民一般の感情から違和感を覚える程の高額でないことを条件に保有を認めた裁判例がある（加藤訴訟，秋田地裁判例平成5年4月23日）。また，保護費が原資で，実態は預貯金と同じ高校進学のための学資保険について，判決例（骨子）は「生活保護費等を蓄えた預貯金はその貯蓄の目的や態様（金額を含む）等に照らし，生活保護法の趣旨目的から逸脱せず，かつ，一般の国民感情に照らして違和感を覚えるようなものでない限り，生活保護費支給に当たり考慮すべき生活保護法第4条1項の資産に当たらない」ので，保険金の保有を認めないのは違法であるとし，保護費の減額処分を取り消した（中嶋学資保険訴訟，福岡高裁判例平成10年10月9日）。

　生命保険の保有は，原則として認められない。解約すれば返戻金のある生命保険は，解約して資産として活用させるのが実務の原則であるが，一定の範囲のものについては，保護開始後保険金または解約返戻金受領時に法第63条を適用することを条件として保有を容認する取扱いとなっている。一定の範囲の生命保険とは，すなわち解約返戻金が少額であって，保険金額および保険料額が当該地域の一般世帯との均衡を失しない程度のものであり，また保険の種類については危険対策を目的としたもので，その保障の効果が当該世帯に及ぶものである。そして，解約返戻金が少額であるかの判断および保険料，保険金額の一般世帯との均衡の判断については，こ

れまでは社会通念で判断することが妥当であるとして保護の実施機関に委ねてきたが，今回，その運用の目安を定め，1999（平成11）年度からこれにより実施することとされた。具体的には，保険料額については，最低生活費（医療扶助を除く）の1割程度以下を目安とし，また解約返戻金については，最低生活費（医療扶助を除く）の概ね3ヵ月程度以下を目安とすることになった（別冊問答140）。また実施要領上は明記されていないが，たとえば，ア）保護開始後概ね1年以内に満期になるもの，イ）入院特約等を活用中のもの，または活用が見込まれるもの，ウ）難治性疾患に罹患している場合や病状が重篤である場合については，引き続き実施機関の判断により認めることは差し支えないこととしている。

(2) 労働能力の活用

能力も資産の活用と同様，それを最低生活の維持のため活用することが要件とされている。能力とは労働能力のことであるので，現に労働能力があり，適当な職場があるにもかかわらず，働いて収入を得ようとしない者については，この補足性の要件を欠く者として保護を受けることができないことになる。この能力の活用という要件は保護の要否判定や停廃止を伴う就労指導という形で問題となる。就労指導は医師の判断書を根拠にするが，具体的な就労指導にあっては，要保護者の職業選択の自由を尊重し，要保護者の能力からみて不適当と認められるような就労斡旋は慎むべきである。もちろん働く意思をもって求職活動をしても，現実に職場がないときは保護を受けることができる。

(3) その他あらゆるものの活用

生活保護法第4条1項は，資産，能力のほかに「その他あらゆるもの」の活用を求めている。「その他あらゆるもの」とは，現実には資産となっていないが，申請等の手続きにより資産となり得るもの，たとえば，社会保険や給付請求権や相続開始後の相続権等で，借金をするあてがあることや，借金をするさいの信用力等は，これにあたらない（秋田，畠山事件，厚生大臣1971年9月27日裁決）。

(4) 親族扶養・他法の優先
①生活保護と扶養義務

　　生活保護法は，民法による扶養義務者の扶養を法の扶助に優先して行うことを規定している。扶養義務者の扶養は，法第4条1項にいう「資産，能力，その他あらゆるもの」の中に含まれているので，それを最低生活維持のために活用することが保護の受給要件となるが，現行生活保護法では親族扶養が事実上行われることを期待しつつも，実際に扶養が行われた時に，これを被扶養者の収入として認定するという立場をとっている。これは，親族扶養を生活保護受給の資格要件とするのではなく，民法上の扶養義務者が現実に扶養を行った場合には，その限度で，国は保護を行わなくてよいというように，扶養義務者と国との関係を事実上の順位の問題としているのである。

　　民法上の扶養義務は，法律上当然の義務であるが，「これを直ちに法律に訴えて法律上の問題として取り運ぶことは扶養義務の性質上なるべく避けることが望ましい」（次官通達第4－4）ので，努めて当事者間における話合いによって解決し，円満に履行させることを旨とすべきである。ただ，生活保護法では民法上の扶養が生活保護の扶助に優先すべきことを明記しているので，扶養の範囲・要件・順位・程度・方法などについては民法の規定に準拠して扱う。生活保護法第4条2項にいう「民法に定める扶養義務者」とは（ア）夫婦相互（民法752条），（イ）直系血族および兄弟姉妹相互（民法877条1項），（ウ）それ以外の三親等内の親族であって，特別の事情があるものとして，家庭裁判所の審判（または調停）により法律上扶養義務を負わされている者（民法877条2項）である。（ア）と（イ）を絶対的扶養義務者といい，（ウ）を相対的扶養義務者という。この規定は古い家制度の道徳を連想させるし，扶養の程度については何もふれていない。

　　そこで民法学者からは扶養義務者の範囲とその程度について，近代家族を前提とした解釈が出され，これが通説となっている。それは「生活保持

義務関係」（夫婦相互の関係，未成熟な子に対する親の関係）と「生活扶助義務関係」（それ以外の民法上の扶養義務者）の範囲であり，求められる扶養の程度も，前者は原則として扶養義務者の最低生活費を超える部分（扶養義務者の側に留保される生活費は最低生活費である）で，後者は社会通念上それらの者に相応しいと認められる程度の生活を維持して，なお余力がある部分（扶養義務者の側に留保される生活費は最低生活費$+\alpha$）であるとしている。

　扶養能力があると判断した者には扶養の履行を求めるが，その際，まずは要保護者が直接扶養義務者に対して行うように指導する。要保護者による依頼では，扶養の実現が期待できない場合または要保護者自身では依頼することが困難な場合には，保護の実施機関が扶養義務者に対して文書その他の方法で扶養を依頼する。扶養義務者に十分な扶養能力があるにもかかわらず，正当な理由もなく扶養を拒み，他に円満な解決の途がない場合には，家裁に調停・審判の申立てを行うよう指導する。状況によっては，先に保護を行い，法第77条の規定により，後に扶養義務者から費用徴収することも検討する。扶養義務者から法第77条の規定により保護に要した費用を徴収するにあたっては，(a)その扶養義務者が，要保護者が保護を受けていた当時法律上の扶養義務者であったこと，(b)保護の行われた当時その扶養義務者に扶養の能力があったこと，(c)その扶養義務者に現在その費用を償還する能力があること，の3点に留意することである。

② 他法・他施策の優先

　親族扶養の優先と並んで，他の法律や制度による保障や援助を受けることができる場合は，生活保護による保護に優先して行なわれるべきことが規定されている。「他の法律に定める扶助」には，生活保護法以外の老人福祉法，身体障害者福祉法，知的障害者福祉法などによる給付，または扶助が含まれる。他法他施策の活用は次官通達第5で，極力その活用に努めさせることが示され，局長通達第5には活用を図るべき制度として36種が

列挙されている。

　保護の実施に際しては，他法他施策が活用できるか否か，十分な調査と審査が必要になる。特に保護開始時点の調査では，生活歴，職種，また病状調査などから他法・他施策の適用，給付の可能性を十分検討することが重要である。保護開始時に他法による給付を受けている場合は，受給者氏名，給付の種類，記号・番号，給付の開始時期，給付の期間，給付金額などはケース記録に整理し，資料を必ずファイルに添付し整理する。また保護開始後，被保護世帯の状況ならびに他法・他施策（制度）は常に変動，変更していくので，世帯の変動，制度の変更を考慮し，他法・他施策の適用可否の検討は随時見直しが必要である。

　また，保護開始時に，要保護者が年金やその他の給付金を裁定中である場合，あるいは他法の適用が確実に見込まれる場合で法第63条の適用を前提に開始する時は，生活保護法における権利義務や制度の趣旨を十分説明する必要がある。保護開始時にこれらが十分でないと，開始後さまざまな問題が生じる可能性がある。

2．生活保護の実施上の原則

1）申請保護の原則

　旧生活保護法までは職権保護の建前をとってきたが，現行生活保護法では申請保護主義を採用した。すなわち，保護は「要保護者，その扶養義務者又はその他の同居の親族の申請に基いて開始するものとする」（法7条）としたのである。このように申請保護の原則をとったのは，国民に保護申請請求権を認める基本原理からして，保護の開始をこの保護請求権の行使に基づかせるのが合目的的だからである。ただし，要保護者が「急迫した状況」にあるときは，実施機関は申請がなくても職権によって保護を開始する義務がある。申請は要式行為ではないので，必ずしも所定の書面の提出によってなされなければならないというものではなく，口頭によるものであれ，手紙の形式によるものであれ，客観的に申請意思が看取されるものであれば，申請は有効とみなされるべきで

ある。しかし、生活保護の実務では、保護申請書、資産申告書、収入申告書および関係先照会などの同意書の書類の添付を申請に条件づけており、事実上は要式行為となっている。それはともかく、申請は国民の権利であるので、行政庁の受理事務によって、申請が妨げられてはならないのは当然であって、申請・受理がなされた後の処理については、保護の実施機関は同法第24条によって、「保護の要否、種類、程度及び方法」の決定を行い、申請者に書面で通知しなければならない。この決定通知書には、決定の理由を具体的に事実認定の要約を含め記さなければならない。また、こうした決定は迅速になされる必要があるため、決定通知は申請の日から原則として14日以内に、特別な理由がある場合でも30日以内に、申請者に到着することを要する。遅れた場合には、その理由も明らかにしなければならない。なお、申請して30日以内に決定通知がない場合は、申請が却下されたものとみなして、不服申立ての手続をとることができる。

2） 基準及び程度の原則

保護の基準は、旧生活保護法においては形式的には厚生大臣の認可を受けて都道府県知事が決めることになっていた（旧法施行令10条）が、現行生活保護法では厚生大臣が決めることとし、その基準によって測定した要保護者の需要を基とし、要保護者の収入・資産で充足できない不足分があれば、その不足分を補う程度において行われる（法8条）。これが「基準及び程度の原則」である。

厚生大臣は保護基準の設定にあたっては、「要保護者の年齢別、性別、世帯構成別、所在地域別その他保護の種類に応じて必要な事情を考慮した最低限度の生活の需要を満たすに十分なものであって、且つ、これをこえないものでなければならない」（法8条2項）。ここにいう「その他保護の種類に応じて必要な事情」は、生活保護の目的に照らして解釈されなければならないのは当然である。したがって、物価その他の経済動向や国民一般の生活水準の上昇などが考慮されるのは当然であるが、低所得人口の多少とか予算配分事情などの生活

外的要素をこの中に入れるのは適当ではない。

3） 必要即応の原則

保護は，要保護者の年齢別，性別，健康状態などその個人または世帯の必要の相違を考慮して，有効かつ適切に行うものとされる（法9条）。この原理は，無差別平等の原理の機械的運用から生じる弊害を除去するために設けられたものといわれる。したがって，要保護者に対して実質的に同等の生活水準を保障するために，個々の個人や世帯の生活条件の相違に由来する最低生活のための必要をできるだけ効果的かつ適切に考慮して基準その他の命令を作成し，個々のケースを処遇するものでなければならない。また，この原理は保護の要否内容を行政当局の自由裁量に全面的に委ねるという趣旨でもない。保護の種類，程度，方法などについて，個人または世帯の特殊性を勘案して有効適切な取扱いをしていくべきであるというのが，この原則の意味である。

4） 世帯単位の原則

生活保護は「世帯を単位としてその要否及び程度を定める」ものとする（法10条）。これを世帯単位の原則と呼んでいる。この原則は，生活困窮という状態が個人に表れる現象であるというよりは，生計を同一にしている世帯全体を観察して初めて把握されるということに基因している。そして生活保護で世帯単位原則が採られるのは，経験的にみて，1人当たりの生活費が単独で生活する場合に比べて軽減するという「世帯逓減利益」に着目するからである。保護の実施にあたって，このような世帯の逓減利益を考慮することは一応の合理性がある。

ここでいう世帯とは，居住と生計の同一性という生活共同の集合体のことであり，たとえ他人を含む場合であっても，それらの者すべてを一つの単位として捉えることになる。しかし，居住を同一にしない場合であっても，同一世帯として認定される場合がある。「実施要領」によれば，(a)出稼ぎしている場合，(b)子が義務教育のため他の土地に寄宿している場合，(c)生活保持義務関係にある者が就労のため他の土地に寄宿している場合，(d)行商または勤務などの関係

図表 5-1　世帯分離が認められる主な事例

区　分	収入のない者を分離し，分離した者を保護するもの	収入のある者を分離し，残りの世帯員を保護するもの
居住を同一にする場合	① 自己に対し生活保持義務関係にある者がいない世帯に転入した要保護者 ② 常時の介護または監視を要する寝たきり老人，重度の心身障害者	① 稼働能力があるにもかかわらず収入を得るための努力をしない等保護の要件を欠く者 ② 被保護世帯に当該世帯員の日常生活の世話を目的として転入した保護を要しない者 ③ 結婚，転職等のため1年以内に転出する者であって，同一世帯員のいずれにも生活保持義務関係にない収入のある者 ④ 大学等に修学する者
居住を異にする場合	① 出身世帯に自己に対し生活保持義務関係にある者がいない者であって，6ヵ月以上入院を要する者 ② 出身世帯に配偶者が属している者であって、1年以上入院しており，かつ，引き続き長期にわたり入院を要する精神病患者または中枢神経系機能の全廃もしくはこれに近い状態にある者 ③ 出身世帯に自己に対し生活保持義務関係にある者が属している者であって，すでに入院期間が3年を超え，かつ，引き続き長期入院を要する者 ④ 世帯分離された者が，結核予防法第35条もしくは精神保健および精神障害者福祉に関する法律第30条の公費負担を受けて引き続き入院または更生を目的とする施設に入所している者 ⑤ 世帯分離された者が退院または退所後6ヵ月以内に再入院し，長期にわたり入院を要する者 ⑥ 救護施設等の入所または出身世帯員	① 6ヵ月以上入院している患者の出身世帯員であって，当該患者と生活保持義務関係にない収入のある者

出典）福祉士養成講座編集委員会編『公的扶助論』中央法規出版　1998年　53頁

上，子を知人などにあずけ，子の生活費を仕送りしている場合，(e)病院などに入院している場合，などは同一世帯と判断すべきこととなっている。ただし，世帯の範囲をいたずらに拡大するとなれば，正当な保護請求権を不当に制限する危険を生んでしまう。特に，世帯単位の原則が徹底されることによって，保護に優先する親族扶養義務が不当に強化される場合が生じるのを避けなければならないので，法第10条の但書きにより世帯分離という措置（擬制）がとられる。図表5-1は，世帯分離が認められる主な事例である。しかし，実施要領は居住が同一でも，生計の同一性がない場合を想定していない。居住が同一でも，生計が別で，世帯逓減利益がない場合は，別世帯とすべきであるが，これを同一世帯と認定し，例外的に世帯分離する扱いは逆立ちした手法といえよう。

第2節　保護の種類，保護施設，指定医療機関

1. 保護の種類・範囲・方法

　保護の種類には，生活扶助，教育府扶助，住宅扶助，医療扶助，介護扶助，出産扶助，生業扶助，葬祭扶助の8つがあり，これらの扶助は，要保護者の必要に応じ，単給または併給として行われる。

1）　生活扶助

　生活扶助は，8つの扶助のなかで最も基本的な扶助である。法第12条は「生活扶助は，困窮のため最低限度の生活を維持することのできない者に対して，左に掲げる事項の範囲内において行われる。1 衣食その他日常生活の需要を満たすために必要なもの，2 移送」と規定する。これは，飲食物費，被服費，光熱水費，家具什器費等，日常生活を営む上で必要な需要を満たすものに対する給付である。移送費は要保護者を保護施設へ収容する場合の費用，転居等に要する費用である。

　生活扶助は，被保護者の居宅において行うものとする。ただし，これによることができないとき，これによっては保護の目的を達しがたいとき，または被保護者が希望したときは，被保護者を救護施設，更生施設もしくはその他の適

当な施設に収容し，またはこれらの施設もしくは私人の家庭に収容を委託して行うことができる（法30条1項）。なお，被保護者の意思に反して収容を強制することができると解釈してはならない（同条2項）としている。

生活扶助は，金銭給付によって行うものとする。ただし，これによることができないとき，これによることが適当でないとき，その他保護の目的を達するために必要があるときは，現物給付によって行うことができる。生活扶助のための保護金品は，1月分以内を限度として前渡しするものとする。ただし，これによりがたいときは，1月分をこえて前渡しすることができる。

居宅において，生活扶助を行う場合の保護金品は，世帯単位に計算し，世帯主またはこれに準ずる者に対して交付するものとする。ただし，これによりがたいときは，被保護者に対して個々に交付することができる。収容し，または収容を委託して生活扶助を行う場合の保護金品は，被保護者または施設の長もしくは収容の委託を受けた者に対して交付するものとする（法31条）。

「基準等」に掲げられている一時扶助費とは，被服費（布団類，平常着，学童服，出産準備被服，入院時の寝巻等，おむつ，貸しおむつ，おむつの洗濯代および紙おむつ），家具什器類費，入学準備金，配電設備費，水道，井戸，下水道設備費，液化石油ガス設備費，入院患者特別介護費である。これらは通常の生活ニーズのほかに，予想外の事由により臨時に多額のニーズが生じた場合等（たとえば，災害等により家財道具が消失した場合等）にのみ給付される。

2) その他の扶助

(1) 教育扶助

法第13条は，「教育扶助は，困窮のため最低限度の生活を維持することのできない者に対して，左に掲げる事項の範囲内において行われる。1 義務教育に伴って必要な教科書その他の学用品，2 義務教育に伴って必要な通学用品，3 学校給食のその他義務教育に伴って必要なもの」と規定する。これは，義務教育に必要な費用を扶助するものであり，教材代，学校給食費，通学のための交通費，学級費，夏季施設参加費等である。義務教育以外の学齢前教育（たとえ

ば幼稚園の通園)，高校・大学・専門学校・各種学校等の教育費，社会教育費等の費用は扶助対象とならない。

「基準等」は，この扶助基準を一般基準と特別基準に分け，前者には基準額(小学校と中学校で差がある)，教材代，学校給食費および通学のための交通費が含まれ，後者には学校費等(小学校と中学校で差がある)，災害時の学用品費の再支給(小学校と中学校で差がある)および夏季施設参加費が含まれる。

教育扶助は，金銭給付によって行うものとする。ただし，これによることができないとき，これによることが適当でないとき，その他保護の目的を達するために必要があるときは現物給付によって行うことができる。教育扶助のための保護金品は，被保護者，その親権者もしくは後見人または被保護者の通学する学校の長に対して交付するものとする(法32条)。保護金品の交付対象者に学校長が規定されているのは，親権者等が保護金品を消費して教育扶助にあてないことを排除することを考慮した規定である。

(2) 住宅扶助

法第14条は,「住宅扶助は，困窮のため最低限度の生活を維持することのできない者に対して，左に掲げる事項の範囲内において行われる。1 住居, 2 補修その他住宅の維持のために必要なもの」と規定する。「基準等」はこれを一般基準と特別基準に分け，前者は，家賃・間代等および住宅維持費を，後者は家賃・間代等，住宅維持費，雪おろし費用および敷金等を掲げている。

住宅扶助は，金銭給付によって行うものとする。ただし，これによることができないとき，これによることが適当でないとき，その他保護の目的を達するために必要があるときは現物給付によって行うことができる。住宅扶助のうち，住居の現物給付は，宿所提供施設を利用させ，または宿所提供施設にこれを委託して行うものとする。なお，被保護者の意思に反して収容を強制することができると解釈してはならない。住宅扶助のための保護金品は，世帯主またはこれに準ずる者に対して交付するものとする(法33条)。

(3) 医療扶助

　法第15条は,「医療扶助は,困窮のため最低限度の生活を維持することのできない者に対して,左に掲げる事項の範囲内において行われる。1 診察,2 薬剤又は治療材料,3 医学的処置,手術及びその他の治療並びに施術,4 居宅における療養上の管理及びその療養に伴う世話その他の看護,5 病院又は診療所への入院及びその療養に伴う世話その他の看護,6 移送」と規定する。「基準等」には,指定医療機関などにおいて診療を受ける場合の費用,薬剤または治療材料の購入費（指定医療機関等において診療を受ける場合の費用に含まれる場合を除く),施術のための費用,看護のための費用,移送費および特別基準としての治療材料費（一般基準以外の治療材料または身体障害者福祉法等の規定に基づく補装具の種目,受託報酬の額等に関する基準を超える額）が掲げられている。

　医療扶助は,現物給付によって行うものとする。ただし,これによることができないとき,これによることが適当でないとき,その他保護の目的を達するために必要があるときは金銭給付によって行うことができる。この現物給付のうち,医療の給付は,医療保護施設を利用させ,または医療保護施設もしくは法第49条の規定（「厚生大臣は,国の開設した病院若しくは診療所又は薬局についてその主務大臣の同意を得て,都道府県知事は,その他の病院,診療所若しくは薬局又は医師若しくは歯科医師について開設者又は本人の同意を得て,この法律による医療扶助のための医療を担当させる機関を指定する。」）により指定を受けた医療機関に委託して行うものとする。この医療給付は,あん摩マッサージ指圧師または柔道整復師（「施術者」という）が行うことのできる範囲の施術については,法第49条および55条の規定により指定を受けた施術者に委託してその給付を行うことを妨げない（法34条3項）ので,限定的ではあるが,医師以外の給付も認められている。急迫した事情がある場合には,被保護者は,指定を受けない医療機関について医療の給付を受け,または指定を受けない施術者について施術の給付を受けることができる。医療扶助のための保護金品は,

被保護者に対して交付するものとする（法34条）。他の扶助と違い医療扶助が現物給付を原則とするのは，現金給付にすると医療以外に消費される可能性があり，医療を受けた後現物給付をする方法をとると現金がなければ医療を受けられなくなることを考慮したからである。

図表5-2は，医療扶助実施の事務手続きの流れである。具体的には，要保護者から医療扶助の申請があった場合，まず福祉事務所は「医療要否意見書」用紙を要保護者に交付する。要保護者は，その用紙をもって指定医療機関で受診し，その「意見書」に記入してもらい，それを福祉事務所に提出する。福祉

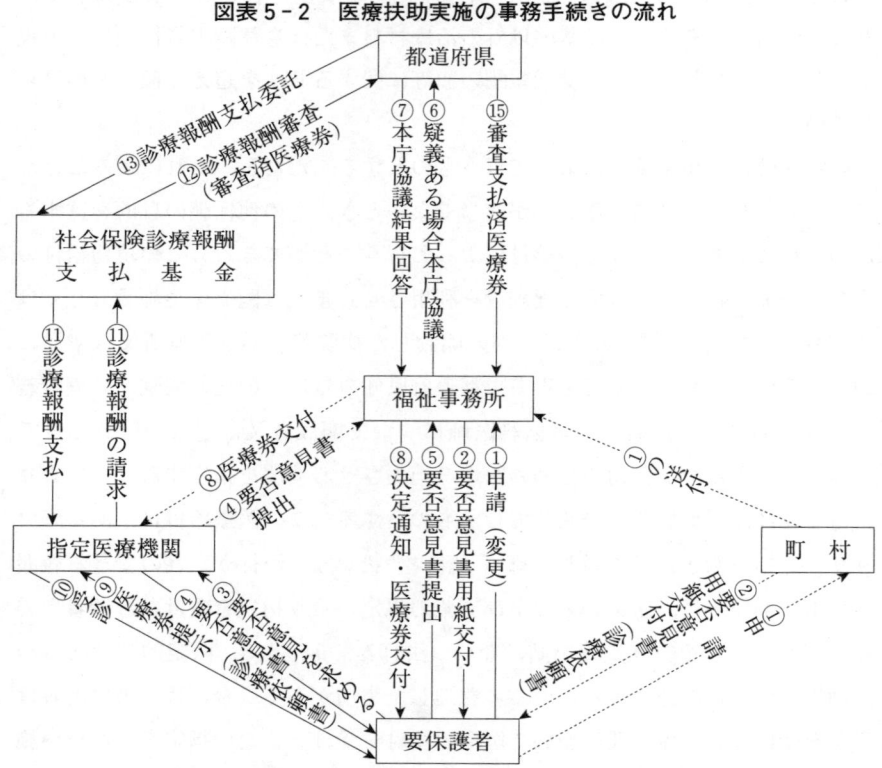

図表5-2 医療扶助実施の事務手続きの流れ

出典）福祉士養成講座編集委員会編『公的扶助論』中央法規出版 1998年 63頁

事務所は，指定医療機関の意見等が記載された医療要否意見書によって医療の要否を判定し，その結果，医療の必要があるとされた場合，要保護者に医療券を交付する。要保護者は，この医療券を指定医療機関に提示して医療扶助の現物給付を受ける。指定医療機関は，医療券がその者について発給されたもので，有効であることを確かめて診療を行い，その診療の結果を診療報酬明細書に記載の上，社会保険診療報酬支払基金に提出し，都道府県知事の決定を経た後，診療報酬の支払いを受けることとなる。

医療扶助を受けている者が，引き続き翌月にわたって医療を必要とするときは，所定の手続により，翌月分の医療券を発行することになる。ただし，その者が引き続き3ヵ月（併給入院外患者，老人保健施設入所，通所および老人訪問看護の利用者＝以下「併給入院外患者等」は6ヵ月）をこえて医療を必要とするときは，4ヵ月分（「併給入院外患者等」は7ヵ月分）の医療券を発行する前に，あらかじめ要否意見書を徴して継続の要否を十分検討することとし，さらに引き続き医療を必要とするときは，3ヵ月（「併給入院外患者等」は6ヵ月）を経過するごとに同様の手続によるものとする。なお，「併給入院外患者等」にあっては，医療開始後第6月までに限り，他の方法により，引き続き翌月にわたって医療の必要の有無を検討することができるときは，医療要否意見書の提出を求めることなく，翌月分の医療券を発行して差しつかえないことになっている（医運第3-3-(1)）。

いずれにせよ，生活保護受給者が病気になったとき，その都度福祉事務所に保護変更申請書（傷病届）を提出し，医療券の発行を受けた後に受給する医療券方式は，生活保護受給者の医療を受ける権利を保障する上で問題があると指摘されてきた。生活保護受給者の受診時の不便を解消するためにも，現行の医療券方式を健康保険証のような「医療証」方式に変更することが求められる。

(4) 介護扶助

1998（平成9）年12月17日に公布された介護保険法施行法により，生活保護法の一部改正が行われ，新たに介護扶助が創設された。

法第15条2項は「介護扶助は、困窮のため最低限度の生活を維持することのできない要介護者及び要支援者に対して、次に掲げる事項の範囲内において行なわれる。1居宅介護（居宅介護支援計画に基づき行うものに限る。），2福祉用具，3住宅改修，4施設介護，5移送」と規定する。

　介護扶助は、現物給付によって行うものとする。ただし，これによることができないとき，これによることが適当でないとき，その他保護の目的を達するために必要があるときは金銭給付によって行うことができる（法34条2項）。現物給付の方法については，医療扶助と同様，都道府県知事などが介護扶助の現物給付を担当する機関を指定し，この指定介護機関に介護の給付を委託して行うこととされている。

(5) 出産扶助

　法16条は「出産扶助は，困窮のため最低限度の生活を維持することのできない者に対して，左に掲げる事項の範囲内において行われる。1分べんの介助，2分べん前及び分べん後の処置，3脱脂綿，ガーゼその他の衛生材料」と限定する。「基準等」には一般基準と特別基準が掲げられ，前者は施設分べんと居宅分べんで金額に差があり，施設分べんにおいては入院（8日以内の実入院日数）に要する費用が加算される。さらに衛生材料費の加算がある。特別基準として，出産予定日の急変等の費用がある。双生児出産の場合には，出産扶助では，一般基準として施設内分べんと居宅分べんとで金額に差がもうけられ，さらに出産予定日の急変等には別途費用が給付される。

　出産扶助は，金銭給付によって行うものとする。ただし，これによることができないとき，これによることが適当でないとき，その他保護の目的を達するために必要があるときは現物給付によって行うことができる。現物給付がなされる場合には，助産の給付は法49条および55条の規定により指定を受けた助産婦に委託して行うものとする。急迫した事情がある場合には，被保護者は，指定を受けない助産婦について助産の給付を受けることができる。出産扶助のための保護金品は，被保護者に対して交付するものとする（法35条）。

(6) 生業扶助

　法17条は、「生業扶助は、困窮のため最低限度の生活を維持することのできない者又はそのおそれのある者に対して、左に掲げる事項の範囲内において行われる。但し、これによって、その者の収入を増加させ、又はその自立を助長することのできる見込みのある場合に限る。1 生業に必要な資金、器具又は資料、2 生業に必要な技能の修得、3 就労のために必要なもの」と規定する。生業扶助は、生業費（もっぱら生計の維持を目的として営まれる小規模な事業を営むために必要な器具もしくは資料を必要とする被保護者に給付される）と、技能修得費および就職支度費に分けられる。「基準等」には一般基準と特別基準が掲げられ、前者には生業費、技能修得費および就職支度費が含まれ、後者には生業費と技能修得費（技能修得手当が基準額を上回る額または更生訓練費が基準額を上回る額）が含まれる。

　生業扶助は、金銭給付によって行うものとする。ただし、これによることができないとき、これによることが適当でないとき、その他保護の目的を達するために必要があるときは現物給付によって行うことができる。現物給付のうち、就労のために必要な施設の供用および生業に必要な技能の授与は、授産施設もしくは訓練を目的とするその他の施設を利用させ、またはこれらの施設にこれを委託して行うものとする。生業扶助のための保護金品は、被保護者に対して交付するものとする。ただし、施設の供用または技能の授与のために必要な金品は、授産施設の長に対して交付することができる（法36条）。

(7) 葬祭扶助

　法第18条1項は、「葬祭扶助は、困窮のため最低限度の生活を維持することのできない者に対して、左に掲げる事項の範囲内において行われる。1 検案、2 死体の運搬、3 火葬又は埋葬、4 納骨その他葬祭のために必要なもの」と規定する。なお、この扶助は被保護者が死亡した場合に葬祭を行う者があるときは、その者に対しても葬祭扶助を行うことができ、その一つが被保護者が死亡した場合において、その者の葬祭を行う扶養義務者がないとき（同条2項の1）

であり，もう一つは死者に対しその葬祭を行う扶養義務者がない場合に，その遺留した金品で，葬祭を行うに必要な費用を満たすことができないとき（法18条2項の2）である。「基準等」には大人と小人の金額，一般基準と特別基準に分かれた金額が掲げられている。葬祭扶助は，金銭給付によって行うものとする。ただし，これによることができないとき，これによることが適当でないとき，その他保護の目的を達するために必要があるときは現物給付によって行うことができる。葬祭扶助のための保護金品は，葬祭を行う者に対して交付するものとする（法37条）。

2．保護施設
1）保護施設の種類

生活保護法に規定する保護施設は5種類で，図表5-3はその年次推移である。

(1) 救護施設

救護施設は，身体上または精神上いちじるしい欠陥があるために独立して日常生活の用を弁ずることのできない要保護者を収容して，生活扶助を行うこと

図表5-3　保護施設数の年次推移

	総数	救護施設	更生施設	医療保護施設	授産施設	宿所提供施設
1965（昭和40）年	504	108	40	88	184	84
1970（昭和45）年	400	131	22	78	118	51
1975（昭和50）年	349	145	16	72	81	35
1980（昭和55）年	347	160	16	68	76	27
1985（昭和60）年	353	169	18	69	76	21
1990（平成2）年	351	173	18	68	76	16
1994（平成6）年	344	176	17	65	70	16
1995（平成7）年	340	174	18	65	68	15
1996（平成8）年	340	177	17	65	67	14

資料）厚生省「社会福祉施設等調査報告」
出典）『国民の福祉の動向』厚生統計協会　1998年　112頁

を目的とする施設である（法38条2項）。近年救護施設は増加傾向にあるが，その対象者は他法の施設入所になじまない複合したハンディキャップをもっている者または精神障害寛解者である。障害別に分類収容されているのではなく，混合収容であり，障害別に処遇する状況にないところが問題である。

(2) 更生施設

更生施設は，身体上または精神上の理由により養護および補導を必要とする要保護者を収容して，生活扶助を行うことを目的とする施設である（同条3項）。売春，犯罪，放浪，家出等により正常な生活や就業ができない状態にある人たちを対象とし，社会福祉のための職業補導を援助し，自助の精神および家族生活に必要な知識を涵養し，訓練を行っている。

(3) 医療保護施設

医療保護施設は，医療を必要とする要保護者に対して，医療の給付を行うことを目的とする施設である（同条4項）。指定医療機関が普及し，それによる医療扶助が行われているので，医療保護施設の存在意義が薄れつつある。

(4) 授産施設

授産施設は，身体上または精神上の理由または世帯の事情により就業能力の限られている要保護者に対して，就労または技能の修得のために必要な機会および便宜を与えて，その自立を助長することを目的とする施設である（同条5項）。授産施設と名のつくものは生活保護法に基づくものだけでなく，身体障害者福祉法に基づく身体障害者授産施設（身体障害者福祉法31条），知的障害者福祉法に基づく知的障害者授産施設（知的障害者福祉法21条の6）等がある。

(5) 宿所提供施設

宿所提供施設は，住居のない要保護者の世帯に対して，住宅扶助を行なうことを目的とする施設である（法38条6項）。その必要度は，公営住宅の普及などによって低くなっている。

2) 保護施設に対する指導監督

保護施設に対する指導は，都道府県知事が行う（法43条1項）。社会福祉法人

または日本赤十字社の設置した保護施設に対する都道府県知事の指導については，市町村長がこれを補助するものとする（同条2項）。さらに都道府県知事は，保護施設の管理者に対して，その業務または会計の状況その他必要と認める事項の報告を命じ，または当該吏員に，その施設に立ち入り，その管理者からその設備および会計書類，診療録，その他の帳簿書類の閲覧および説明を求めさせ，もしくはこれを検査させることができる（法44条）。法45条1項は，厚生大臣は都道府県に対して，都道府県知事は市町村に対して，次に掲げる事由があるときは，その保護施設の設備もしくは運営の改善，その事業の停止またはその保護施設の廃止を命ずることができると規定する。その事由とは，①その保護施設が法39条に規定する基準に適合しなくなったとき，②その保護施設が存立の目的を失うに至ったとき，③その保護施設がこの法律もしくはこれに基づく命令またはこれらに基づいてする処分に違反したとき（法45条1項1～3号）である。さらに，都道府県知事は，社会福祉法人または日本赤十字社に対して，次の事由があるときは，その保護施設の設備もしくは運営の改善もしくはその事業の停止を命じ，または保護施設設置の認可を取り消すことができる（同条2項）。その事由とは，①その保護施設が法45条1項各号の1に該当するとき，②その保護施設が法41条3項各法に規定する基準（都道府県知事は，法第41条2項の認可の申請があった場合に，その施設が法第39条に規定する基準の外，（ア）設置しようとする者の経済的基礎が確実であること，（イ）その保護施設の主として利用される地域における要保護者の分布状況からみて，当該保護施設の設置が必要であること，（ウ）保護の実務に当たる幹部職員が厚生大臣の定める資格を有するものであること）に適合するものであるときはこれを認可しなければならないが，これに適合しなくなったとき，③その保護施設の経営につき営利を図る行為があったとき，④正当な理由がないのに，法41条2項6号に規定する事業開始予定年月日までに事業を開始しないとき，⑤法41条5項の規定（保護施設設置の認可を受付た社会福祉法人または日本赤十字社は申請書に掲げる所定事項を変更しようとするときは，あらかじめ都道府

県知事の認可を受けなければならない）に違反したときである（法45条2項）。
3） 保護施設の義務

　保護施設は，保護の実施機関から，保護の委託を受けたときは，正当の理由なくして，これを拒んではならない（法47条1項）。施設は，要保護者の収容，または処遇にあたり，人種，信条，社会的身分または門地により，差別的または優先的な取扱いをしてはならない（同条2項）。保護施設は，これを利用する者に対して，宗教上の行為，祝典，儀式または行事に参加することを強制してはならない（同条3項）。保護施設は当該吏員が法第44条の規定によって行う立入検査を拒んではならない（同条4項）。これには，罰則規定がある（法86条1項）。さらに保護施設の長は，常にその施設を利用する者の生活の向上および更生を図ることに努めなければならない（法48条1項）。保護施設の長は，その施設を利用する者に対して，管理規定に従って必要な指導をすることができる。都道府県知事は，必要と認めるときは，保護施設の長の指導を制限し，または禁止することができる（同条2項）。保護施設の長は，その施設を利用する被保護者について，保護の変更，停止または廃止を必要とする事由が生じたと認めるときは，すみやかに，保護の実施機関に，これを届け出なければならない（同条3項）。

3．指定医療機関等
1） 医療機関等の指定

　厚生大臣は，国の開設した病院もしくは診療所または薬局についてその主務大臣の同意をえて，都道府県知事は，その他の病院，診療所もしくは薬局または医師もしくは歯科医師について開設者または本人の同意をえて，生活保護法による医療扶助のための医療を担当させる機関を指定する（法49条）。

　また，厚生大臣は，国の開設した介護老人福祉施設，介護老人保健施設または介護療養型医療施設についてその主務大臣の同意をえて，都道府県知事は，その他の介護老人福祉施設，介護老人保健施設もしくは介護療養型医療施設またはその事業として居宅介護を行う者もしくはその事業として居宅支援計画を

作成する者について開設者または本人の同意をえて，この法律による介護扶助のための居宅介護もしくは居宅介護支援計画の作成または施設介護を担当される機関を指定する（法54条の2，2000年4月1日施行）ものとされた。

2） 指定医療機関に対する指導監督

(1) 診療方針および診療報酬

指定医療機関には，厚生大臣の定めるところ（「指定医療機関医療担当規程」昭25原告222）により，懇切丁寧に被保護者の医療を担当する義務がある（法50条）。また，指定医療機関は，被保護者の医療について，都道府県知事の行う指導（「医療扶助運営要領」に基づく）に従わなければならない（法50条2項）。指定医療機関による診療方針および診療報酬は，原則として，国民健康保険の診療方針および診療報酬の例による（法52条1項）。なお，診療方針および診療報酬が国民健康保険の例によることができないとき，およびこれによることを適当としないときは厚生大臣が別に定めることになっている（法52条2項）。この厚生大臣の特別の定めとしては，現在，金歯などを使用した歯の治療の制限，特別な病室の使用の制限，特殊療法などの制限，ならびに70歳以上の老人などについては老人保健の例による旨の規定がある。

都道府県知事には，社会保険診療報酬支払基金の審査会の意見を聴いて，指定医療機関の診療内容および診療報酬請求を随時審査する権限と診療報酬の額を決定する権限がある（法53条1項・2項）。指定医療機関は，知事の決定した診療報酬に従う義務があり，（法53条2項），この決定に対する不服申立てをできない（法53条5項）。現在，指定医療機関についての診療報酬事務は，社会保険診療報酬支払基金へ委託されている（法53条3項，同則17）。

(2) 報告徴収と立入検査

厚生大臣または都道府県知事は，診療内容および診療報酬請求の適否を調査するため必要があるときは，指定医療機関管理者から報告を徴収することができ，また，指定医療機関に対する立入検査を行うことができる（法54条1項）。この立入検査には，調査担当吏員の身分証票携帯義務（同28条2項）と調査権

限の犯罪目的利用禁止（同28条3項）の各規定が準用される（同54条2項）。立入検査の拒否等には罰則規定（同86条）がある。

(3) 指定の辞退と取消し

指定医療機関が指定を辞退しようとするときは，その理由を記載した書面を，国の開設した指定医療機関については厚生大臣に，その他指定医療機関についてはその指定を受けた都道府県知事に提出し，辞退の意思を表明しなければならない。この場合，30日以上の予告期間を設ける必要がある（法51条1項）。

厚生大臣または都道府県知事は，指定医療機関が生活保護法第50条の義務に違反したときは，それぞれの指定対象医療機関につき，その指定を取り消すことができる（同51条2項）。この場合，厚生大臣または都道府県知事は，当該医療機関の開設者または本人に対して，あらかじめ書面をもって弁明の日時，場所および当該処分をなすべき理由を通知したうえで，弁明の機会を与えなければならい（同51条2項）。当該医療機関は，この指定取消処分を行政争訟によって争うことができる。

3) 助産機関への準用

出産扶助のための助産を担当する助産婦ならびにこの法律による医療扶助のための施術を担当するあん摩マッサージ指圧師および柔道整復師，医療保護施設について準用する（法55条）ことになっている。

第3節　保護の決定，開始および停廃止

1. 保護決定の意義

生活保護法による保護は，国民に権利として保障しており，生活困窮者は法に定める要件を満たす限り保護の請求権を有する。この権利は，単に観念的な権利として存在しているのみでは無意味であり，具体化され実効あるものとされて初めて意義がある。この抽象的潜在的な権利を具体化し顕在化する役割を果たすのが，保護の決定である。

保護の実施とは，広義には申請を受けることから現業扶助活動までを含む一

連の行為をいうのであるが，狭義には法19条1項に「決定し，且つ，実施し」と規定されているように決定の内容を具体的に実行する事実行為として捉えられる。要するに，決定があればその決定の内容どおりに実行しなければならないのであり，実施は決定に拘束され，決定なくして実施したとしても，それは生活保護法による保護ではないことになる。この意味で，保護の決定は抽象的な保護請求権を具体的な保護の実施へと導く掛橋であり，権利保障の実現のうち最重要な行政行為である。なお，保護の請求権を確保する手段として不服申立制度が認められているが，この不服申立ては主として保護の決定を前提として行われるものであって，そこに権利実現の過程における決定の意義が明白に把握できる。

　保護の決定は，法によって保障されるべき権利の内容を具体的に確定するものであるので，保護を開始しようとする場合または保護内容を変更しようとする場合に当たって行うべき保護の程度，種類および方法の決定ならびに保護を廃止または停止しようとするさいに行うべき決定，さらには保護の開始または変更の申請を却下する処分としての決定等がある。すなわち，開始，変更，停止，廃止および却下の決定が，保護の決定の種別である。保護の決定は，保障されるべき権利の内容を全一的に捉えて行われるものであるから，たとえば，生活扶助と医療扶助の併給を受けている者につき，医療扶助のみに関して停止し，または廃止するという決定はあり得ないのであり，このような場合は，保護の内容が変化しているにすぎないのであるから保護の変更の決定が行われるのである。

2．保護の要否判定と程度

1）　保護の要否および程度の決定

　保護の要否および程度は，保護基準によって認定した当該世帯の最低生活費と収入認定額（収入充当額）との対比によって決定される。すなわち，保護の要否判定は，その世帯の最低生活費と収入充当額を比較し，最低生活費が収入充当額を上回る場合には保護要，下回る場合には保護否となる。そのさいは，

図表5-4　要否判定の方法

最　低　生　活　費			
生活扶助	住宅扶助	教育扶助	医療扶助
基準生活費，加算，人工栄養費，入院患者日用品費	家賃，間代，地代	基準額，教材費，給食費，交通費	医療費

総　収　入	
収入充当額	控除額
判定を行う日の属する日までの3ヵ月間の平均	基礎控除の70％の額 必要経費の実費 出稼ぎ等の実費 託児費，公租公課

保　護　必　要

　原則として，判定を行う日の属する月までの3ヵ月間の平均収入充当額に基づいて行う（図表5-4）。しかし，常用勤労者については，労働協約等の実態から賞与等を含む年間収入が確実に推定できる場合は，保護の申請月以降1年間において確実に得られると推定される総収入の平均月割額をその月の収入充当額と定め，保護の要否を判定する（局長通達第8-2）。また保護の種類の決定は，その充当額を，第1に衣食等の生活費，第2に住宅費，第3に教育費に，以下，医療，出産，生業，葬祭に必要な経費の順に充当し，その不足する費用に対応してこれを定めることになっている（次官通達第8-2）。保護の程度（扶助額）は，当然ながら最低生活費から収入充当額を差し引いた額である。
　しかし，厳密にいうと，保護を要するか否かを判定する場合と，保護の程度を決定する場合とでは，用いられる保護基準および控除に若干の相違がある。すなわち，期末一時扶助や被服費などのように，保護の程度を決定する場合だけに用いられる保護基準等がいくつかあって，保護の要否判定には用いないも

図表 5-5　保護開始時の要否判定に用いる扶助等の内容

事項	判定に用いるもの	判定に用いないもの
生活扶助	基準生活費 加算 人工栄養費 移送費（一部） 入院患者日用品費	期末一時扶助費 被服費 家具什器費 移送費（一部） 入学準備金 配電水道等設備費 入院患者特別介護費
教育扶助	教育扶助基準 教材費 給食費，交通費	
住宅扶助	家賃，間代，地代	敷金 住宅維持費
医療扶助	医療費 短期医療費	
出産扶助	出産費	
生業扶助		生業費 技能修得費 就職支度金
葬祭扶助	葬祭費	
各種勤労控除および必要経費控除等	基礎控除の70％の額 必要経費の実費（会社保険料，所得税，労働組合費，通勤費等） 出稼ぎ等の実費 託児費 公租公課	基礎控除の30％の額 特別控除 新規就労控除 未成年者控除 不安定収入控除 現物500円控除 貸付金の償還金

出典）『生活保護手帳'98年度版』全国社会福祉協議会　1998年　443頁

のがある（図表5-5）。このことは実務の取り扱いで保護の引締めが行われていることを意味する。

2） 短期医療の要否判定の特例

医療扶助は，医療費の支出により最低生活費を割ることを防止するために行われる。しかし，医療費の負担を月賦払，借金等によって時間的に平均化するとすれば，要保護状態に陥らないと判断される場合がある。そのため，実施要領では6ヵ月未満の短期医療についての特殊を設けている（局長通達第8-2-3）。すなわち，医療予定期間が4ヵ月未満の短期傷病を理由として医療扶助のための保護の申請があった場合には，医療予定期間に2ヵ月を加えた月数の間における最低生活費と収入充当額との対比によって，保護の要否を判定することとされている（図表5-6）。これには，医療費負担の期間的平均化という理由のほかに，社会保険，医療扶助等による診療報酬が通常2ヵ月程度を経過して支払われるという事情も加味されていると思われる。たとえば，世帯員の一人が全治2ヵ月の負傷をし，その総医療費が40万円であり，世帯全体の日常

図表5-6　短期医療の特例

〔医療予定期間が4ヵ月未満の短期傷病を理由として医療扶助のための保護の申請があったとき〕

例　医療予定期間3ヵ月の場合

最　低　生　活　費	
医療期間 （生活扶助＋住宅扶助＋教育扶助）×（3＋2）	医療扶助（3ヵ月分）

収　入　充　当　額
医療期間 （収入充当額）×（3＋2）

　　　　　　　　　　　　　　　　　　　　　保　護　必　要

の生活費が月10万円,収入が月25万円であるとすれば,一般原則では最低生活費(10万円+20万円)＞収入充当額(25万円)となり,保護を要することとなるが,これを予定医療期間の2ヵ月に2ヵ月を加えた4ヵ月間で判定すると,最低生活費 {10万円×(2+2)+40万} ＜収入充当額 {25万円×(2+2)} となり,保護の必要のないこととなる。なお,医療予定期間が4ヵ月以上6ヵ月未満である場合には,6ヵ月間における最低生活費と収入充当額との対比によって要否を判定することとされている。

3. 保護の開始の時期

保護の開始の時期は,急迫保護の場合を除き,原則として,申請のあった日以降において要保護状態にあると判定された日のことである。なお,町村長経由の申請の場合には,町村長が申請書を受領した日,また管轄違いの申請があった場合には,最初の保護の実施機関が申請を受理した日を,それぞれ申請のあった日として取り扱うこと(局長通達第8-3)となっている。

医療扶助の適用については,急病等のため申請遅延につき真にやむを得ない事情のあったことが立証される場合には,必要最小限度で申請時期から遡って保護を開始して差しつかえない。たとえば,土曜日の夕方,急病で入院した要保護者から月曜日に保護の申請があった場合等は,土曜日に遡って保護を適用してよいことになる。

4. 保護の停止および廃止

保護の開始の決定が行われると,その効力は,これを止める作用がない限り,いつまでも継続する。その「止める作用」が保護の停止の決定および廃止の決定である。

保護は,要保護状態にある者に対して行われるべきものであるから,被保護者が保護を必要としなくなった場合には,すみやかに保護の停止または廃止を決定しなければならない(法26条)。この点,保護の変更の場合と同様である。保護を停止または廃止すべき法律事実の発生により,保護の受給権はすでに消滅しているのであり,これを確認するのが停止または廃止の決定である。その

効力は，確認処分の効力として，当然に法律事実発生のとき，つまり保護を必要としない状況になったときに遡って発生する。

　停止または廃止の効力が遡ることは，すでに支給された保護金品に遡って返還させることになるのであるが，日々の生活費としてすでに消費されているものにつき一率に返還を要求することには無理があり，制度の性質としてこれを期待できないのが通常である。そこで，理論としては当然に遡及効力があるが，すでに過分の保護が行われている場合には，実際の取扱いとして，停止または廃止の効力はその決定日から将来にわたるものとし，法第63条または第78条の規定による方途をとって差し支えないとされているのである。たとえば，3月分の給料から多額に昇給していることが5月になって判明したような場合，廃止の決定は5月の日付で行われ，理論的にはその効力は3月に遡るのであるが，実際には5月まで保護の決定を有効として，廃止日を5月にし，被保護者の実情に応じて，法第63条の規定による費用返還を求めて差し支えないのである。この取扱いは，返還の免除に関する法第80条の規定の趣旨にも合致するのである。

　なお，保護の実施機関において保護を継続する必要があると認めているにもかかわらず，被保護者から停止または廃止の申出があった場合はどうであろうか。法律にはこのようなことを予定した規定はまったくないが，申請保護の原則の趣旨からみて，急迫の状況にない限りは，本人の申出に従い，保護を停止し，または廃止することが妥当である。必要があれば，本人にはいつでも保護の申請の道が開かれているからである。ただこの場合，本人の生活状況によっては保護の必要につき十分説明を加えることが肝要であり，また保護辞退の意思表示があくまでも被保護者自身のものであることを確認し，他人の強制あるいは一時的な感情等によってそのような事態になることは避けなければならない。

　保護の停止と廃止は，共に保護を必要としなくなった場合に行われる（法26条）が，この場合の停止は，一定期限の到来により再び保護が必要となること

が予見されるために行われる保護の実施の一時的中絶であり，廃止は保護の実施の終止符であって，その効果は異なっている。したがって，保護を廃止されれば保護の受給権そのものが消滅し，生活保護に関する法律関係をまったく離れるのに対して，停止をされた場合には，その停止期間における各月分の扶助を受けることができないだけで，被保護者としての地位は存続する。

保護を必要としない状態に立ち到る場合としては，通常は被保護者の生活状況の異動により，収入充当額が最低生活費を上回るようになった場合，法第4条に規定する保護の要件を満足しなくなった場合等が考えられるが，いかなる場合に停止を行い，また，いかなる場合に廃止を行うかが問題となる。

抽象的には，再び要保護状態に陥る可能性が強いか否かによって，保護を停止しあるいは廃止するのであるが，その取扱いの基準を以下のように示してある。

1) **保護を停止すべき場合**

① 当該世帯における臨時的な収入の増加，最低生活費の減少等により，一時的に保護を必要としなくなった場合であって，以後において見込まれるその世帯の最低生活費および収入の状況から判断して，おおむね6ヵ月以内に再び保護を要する状態になることが予想されるとき。なお，この場合には，以後において見込まれる当該世帯の最低生活費および収入充当額に基づき，停止期間（原則として日を単位とする）をあらかじめ定めること。

② 当該世帯における定期収入の恒常的な増加，最低生活費の恒常的な減少等により，一応保護を要しなくなったと認められるが，その状態が今後継続することについて，なお確実性を欠くため，若干期間その世帯の生活状況の経過を観察する必要があるとき。

2) **保護を廃止すべき場合**

① 当該世帯における定期収入の恒常的な増加，最低生活費の恒常的な減少等により，以後，特別な事由が生じない限り，保護を再開する必要がないと認められるとき。

② 当該世帯における収入の臨時的な増加，最低生活費の臨時的な減少等により，以後，おおむね6ヵ月を超えて保護を要しない状態が継続すると認められるとき。

なお，以上の場合における保護の停止または廃止は保護を要しなくなった日から行うことを原則とする。

ただし，当該保護を要しなくなった日の属する月が，保護の停止または廃止を決定した日の属する月の前々月以前であるときは，保護を要しなくなった日まで遡及して保護の停廃止を行うことなく，保護を要しなくなった日から前々月までの間にかかる保護の費用について，法第63条または法第78条の規定により費用を返還・徴収することとし，前月の初日をもって保護の停廃止を行うこと。

第4節　被保護者の権利・義務と不服申立て

保護を受けるのは国民の権利であるので，その権利がどのように保障されるのかが重要な問題である。旧法において保護は国家の義務となったが，同法はその実を確保する法的な基礎を欠いていたため，未だ救護法的感覚が残されていた。新法ではこれを改め，第8章で「被保護者の権利及び義務」，第9章で「不服申立て」を規定したのである。

1．被保護者の権利

1）不利益変更の禁止

「被保護者は，正当な理由がなければ，既に決定された保護を，不利益に変更されることがない」（法56条）。この規定は，生活保護法の定める各要件に客観的に該当しない限りは，保護は不利益に変更されないことを明言したものである。ここにいう「既に決定された保護」とは，単に量的な多寡をめぐってのものではなく，法第24条1項の規定により保護の決定通知書に記載されたすべての事項，すなわち保護の種類，程度および方法のすべてを含むものである。「不利益」とは，被保護者の主観的判断によりその内容が定められるものでは

なく，客観的な基準により定められるものである。また「変更」とは，保護の「種類や程度の変更」はもちろん，保護の「停止及び廃止」をも含むものである。

　保護の変更は，正当な理由，つまり法定の要件と手続によらなければ，被保護者に不利益に変更されない。そこで，被保護者に対して保護の不利益変更をなし得るものとして本法が規定するものは，法第 8 条の「基準及び程度の原則」，法第 9 条の「必要即応の原則」に基づき行われるところの，①法第24条 5 項の申請による保護の変更，②法第25条 2 項の職権による保護の変更，③法第26条の職権による保護の停止および廃止，④法第28条 4 項の立入調査拒否等における保護の変更等，⑤法第62条 3 項・ 4 項および施行細則第18条の指示服従義務違反における保護の変更等，⑥法第65条 1 項の不服申立裁定による保護の変更等である。したがって，地方公共団体における保護費予算不足等による保護費の減額の決定は，不利益変更を正当づけるものではなく，違法である。なお，上記⑤による不利益処分については，その被保護者に弁明の機会を与えなければならない。

　ところで，保護が申請により決定された場合や，職権によりそれらがなされたさいにおけると同様に，現に保護を受けている被保護者が保護の変更の申請をした場合や職権による変更がなされる場合にも，被保護者の権利は法的に明確でなければならない。法第24条 5 項は，申請による保護の開始において保障される手続と同様のことを変更の申請の場合にも保障している。すなわち，保護の実施機関は，保護の開始の申請があったときは，保護の要否，種類，程度および方法を決定し，申請書に対して書面をもって，これを通知しなければならない。書面には決定の理由を附し，その通知は申請のあった日から14日以内にしなければならず，30日以内に通知がないときは，申請書は保護の実施機関が申請を却下したものとみなすことができる（法24条 1 ～ 4 項）。これらの規定は，法第 7 条に規定する者から保護の変更の申請があった場合に準用する。保護の開始または変更の申請は，町村長を経由してすることもできる（同条 6

項)。また職権による保護の開始および変更が決定されたさいにも、書面により理由を附して被保護者に通知しなければならない。

2) 公課禁止

「被保護者は、保護金品を標準として租税その他の公課を課せられることがない」(法57条)。生活保護法による保護金品は、被保護者の最低限度の生活を保障するものであるから、これを収入として租税その他の公課を課してはならないのは当然である。「租税」とは、地方税だけでなく、国税をも含む。被保護者は保護金品に賦課されても、被保護者は納付しなくてもよい権利を有し、その未納については国税徴収法の例による強制処分をすることができない。

しかし、本条はあくまでも保護金品に対する公課禁止であって、被保護者の得るところの保護金品以外の収入に対するものではない。したがって、給料(賃金)、自営収入等については、被保護者といえども所得税法による課税の対象となる。また被保護者所有の土地・家屋等に対する固定資産税も、当然、課税の対象とされるが、これは申請により減免の措置がとられる。

3) 差押禁止

「被保護者は、既に給付を受けた保護金品又はこれを受ける権利を差し押えられることがない」(法58条)。前条の「公課禁止」は公権力との関係における保護金品に対する保障であったが、「差押禁止」は主として民事上の債権、債務関係に基づくところの保護金品等に対する保障である。「差押え」は、民事訴訟法の強制執行としての狭義の「差押え」の外、保全訴訟としての「仮差押」および「仮処分」ならびに国税徴収法による滞納処分としての「差押え」も含む広義のものである。

2. 被保護者の義務

1) 譲渡禁止(一身専属性)

「被保護者は、保護を受ける権利を譲り渡すことができない」(法59条)。この規定は、保護を受ける権利は一身専属性であって、他に譲り渡すことができないことを明確にしたものである。本法による保護は、要保護者の需要を個別

的に測定したうえで保護の程度と内容が決定されるのであるから、その保護が他に転移されては意味がない。本条は、そのような趣旨から被保護者の義務を定めたものである。

2）　生活上の義務

「被保護者は、常に、能力に応じて勤労に励み、支出の節約を図り、その他生活の維持、向上に努めなければならない」（法60条）。この規定は、法第4条1項と相応する規定である。すなわち、法第4条1項が「被保護者となるための要件」を規定したのに対し、本条は「被保護者たる状態を継続させるための要件」を日常生活における義務の面から規定したものである。

旧法第2条においては、「能力があるにもかかわらず、勤労の意思のない者、勤労を怠る者、その他生計の維持に努めない者」と「素行不良な者」とを保護の絶対的欠格者としていたのであるが、新法では困窮にいたった原因を問わず、現在の困窮の状態のみに着眼し、まず最低生活を保障するということから、旧法の欠格条項を除去したのである。したがって、法第60条による義務違反を理由に保護申請を受理しないということはできないことになる。また本条に違反する場合においても、直接的な制裁を受けることはない。ただし、生活上の意義を履行していないことが明らかであるときは、法第27条の指導指示の対象とし、なお従わない者には法第62条の規定により保護の変更、停止または廃止をすることができる。

3）　届出の義務

「被保護者は、収入、支出その他生計の状況について変動があったとき、又は居住地若しくは世帯の構成に異動があったときは、すみやかに、保護の実施機関又は福祉事務所長にその旨を届け出なければならない」（法61条）。この規定は、保護の適正かつ円滑な実施を確保するため、被保護者に所要事項の届出を義務づけたものである。ここでいう「収入」とは、保護金品を除いたすべての収入であり、「生計の状況」とは、収入の状況および就業、失業、疾病等の生計に変動を及ぼす事象である。「届出」は、書面に限る趣旨でなく口頭でも

よい。

　問題となるのは，変動があったにもかかわらず，届出をせず，不正な手段により保護を受けたとされる場合である。その点，生活保護法は罰則を規定する。すなわち，「不実の申請その他不正な手段により保護を受け，又は他人をして受けさせた者は，3年以下の懲役又は5万円以下の罰金に処する。但し，刑法（明治40年法律第45号）に正条があるときは，刑法による」（法85条）としている。

4）　**指示等に従う義務**

　「被保護者は，保護の実施機関が……被保護者を収容し，若しくは収容を委託して保護を行うことを決定したとき，又は……被保護者に対し，必要な指導又は指示をしたときは，これに従わなければならない」（法62条1項）。

　「保護施設を利用する被保護者は，第46条の規定により定められたその保護施設の管理規定に従わなければならない」（同条2項）。

　「保護の実施機関は，被保護者が前2項の規定による義務に違反したときは，保護の変更，停止又は廃止をすることができる」（同条3項）。

　これらの規定は，形式的なことから判断されるべきでなく，要請される法上の義務が保護を適切に実施するという目的から定められている点に着目して解されるべきである。その意味もあって施行規則第18条は「法第62条第3項に規定する保護の実施機関の権限は，法第27条第1項の規定により保護の実施機関が書面によって行った指導又は指示に，被保護者が従わなかった場合でなければ行使してはならない」としている。

　保護の変更，停止または廃止を行う場合，保護の実施機関は当該被保護者に対して弁明の機会を与えなければならないが，この場合においては，当該処分をしようとする理由，弁明すべき日時および場所を通知しなければならない（法62条4項）。また弁明の機会を設けず不利益処分を行うことは，手続的要件を欠くものとして取消しを免れない。法第62条4項による弁明を行っても，正当な理由がないと認められる場合，または弁明を行わない場合には，法第62条3項により，保護の変更，停止または廃止を行うことができる。

5) 費用返還義務

「被保護者が，急迫の場合等において資力があるにもかかわらず，保護を受けたときは，保護に要する費用を支弁した都道府県又は市町村に対して，すみやかに，その受けた保護金品に相当する金額の範囲内において保護の実施機関の定める額を返還しなければならない」（法63条）。

この義務規定には，返還命令のない前に自らが返還の申入れをすべき義務と，返還命令に従う義務の二者があるが，いずれも返還は義務である。しかし，その実際の生活状態などから，その額の決定は，その保護を実施した実施機関の定める額とされている。

3．不服申立制度

1) 不服申立ての意義

行政不服審査法は，「行政庁の違法又は不当な処分その他公権力の公使に当たる行為に関し」（法1条）不服申立てを認めている。そして同法第4条は，原則として，行政庁のすべての処分について，不服申立てができるとして一般概括主義をとっているが，①第4条1項1号から11号にかかげる処分および②他の法律に審査請求または異議申立てをすることができない旨定めがある処分については，この限りでないとして，幅広く例外を設けている。生活保護法の関係では，たとえば都道府県知事のなす指定医療機関が請求する診療報酬の額の決定がそれにあたる（法53条1項・5項）。

生活保護の決定や実施に対する処分についての不服申立ては，行政不服審査法と生活保護法の規定によって行われるが，具体的には保護開始処分，却下・変更・廃止・停止処分，法第63条に基づく保護費返還処分，法第78条に基づく費用徴収処分，法第80条に基づく保護費の返還免除処分等が対象になる。また，「処分」には公権力の公使に当たる事実上の行為で，人の収容，物の留意等その内容が継続性を有するものも含まれる（保護施設への入所等）。

国民の権利救済のための最終手段としては訴訟による方法があるが，手続費用等の面から提訴することは容易ではない。このような点を補い，国民の権利

救済を簡易迅速に行い，違法のみならず不当な処分等についても救済を行うことに，不服申立制度の意義がある。

不服申立ては，積極的な処分だけでなく，不作為に対してもすることができる（行政不服審査法2条2項）。不作為というのは，行政庁が「相当の期間内になんらかの処分その他公権力の行使に当たる行為をすべきにもかかわらず，これをしないこと」をいうが，生活保護法には保護の申請をしてから30日以内に保護の開始決定通知がない場合は，申請者は保護の実施機関が申請を却下したものとみなすことができるとの規定があり，保護変更申請についても準用規定がある。

2） 行政不服審査法との関係
(1) 行政不服審査法による不服申立ての種類

行政不服申立てには，異議申立て，審査請求および再審査請求の3つの種類がある。

① 異議申立て

処分庁または不作為庁に対して不服を申し立てる手続きである。処分庁に上級行政庁がないとき，処分庁が主任の大臣または外局もしくはこれに置かれる庁の長であるとき，その他，法律に異議申立てをすることができる旨の定めがあるときに行うことができる。

② 審査請求

処分庁または不作為庁以外の行政庁に対し不服を申し立てる手続きである。処分庁に上級行政庁がある場合で，処分庁が主任の大臣または外局もしくはこれに置かれる庁の長でないとき，法律または条例に審査請求をすることができる旨の定めがあるときに行うことができる。

③ 再審査請求

審査請求に対する裁決を経てもなお不服がある場合にする不服申立てである。法律または条例に，再審査請求をすることができる旨の定めがあるとき，審査請求をすることができる処分について，その処分をする権限を

有する行政庁（原権限庁）がその権限を他に委託した場合において，委任を受けた行政がその委任に基づいて行った処分に係る審査請求につき，原権限庁が審査庁として裁決したときに行うことができる。

(2) 生活保護法と行政不服審査法との関係

生活保護法により不服申立ての一般原則は行政不服審査法に基づくが，生活保護法では特則を規定している。

生活保護に関する不服申立てについて，その中心となるのは，保護の決定および実施に関する処分（保護開始申請却下処分，保護廃止決定処分，保護変更決定処分等）についての審査請求および再審査請求であり，本法第9章も，この保護の決定および実施に関する処分についての審査請求および再審査請求について行政不服審査法の特則を設けている。ここでは，その要点をまとめておこう。

 ア）処分についての異議申立ては認めない。

 イ）市町村長が保護の決定実施に関する事務を，その管理に属する行政庁に委託した場合，審査請求は都道府県知事に対して行われる。

 ウ）再審査請求できる旨が定められている。ただし，法78条による処分は再審査請求をすべき行政庁が存在しないため，再審査請求をすることができない。

 エ）審査請求，再審査請求について裁決すべき期間を定めている。生活保護法において，被保護者または保護の申請者が不服の申立てをする場合，次の手順で展開される。

① 審査請求はまず都道府県知事に対して行われる（法64条）。

② 都道府県知事は50日以内に申立てを審査し，却下，取消し，変更などの採決をしなければならない（法65条）。

③ 知事の採決になお不服がある場合は，厚生大臣に再審査請求をすることができる（法66条）。

④ 厚生大臣は70日以内に申立てを審査し，却下，取消し，変更などの採決

をしなければならない（法66条）。

⑤ 審査請求の裁決を経なければ，処分取消の訴訟を提起することはできない（審査請求前置主義）。したがって，法第69条により，処分の取消しの訴えをいきなり提起することはできないが，審査請求を経た後は，訴えを提起することも，再審査請求をすることも，または両方を行うこともできる。ただし，法第78条の処分については前置主義はとられていないので，処分に不服があれば直ちに取消訴訟を提起することができる。加えて，外国人に対する保護は，法律上保障されたものではなく，行政措置により日本人に準じたものとして実施されているため，不服申立て（審査請求）は認められていない。外国人が行政処分に対し不服がある場合には，訴訟を提起することとなる。

3) **不服申立人・不服申立期間・教示**
(1) **不服申立てのできる人および受理**

処分の直接の相手方およびその代理人が提起できる。不服申立ては，書面による申立てを原則とする（行政不服審査法9条）。審査請求が提起された場合，審査庁は審査請求書であることが認識できる程度の書面であれば受理する。

(2) **不服申立期間**

保護の申請をしてから30日以内に，保護の実施機関からの決定の通知がないときは，保護の申請者は実施機関が申請を却下したものとみなすことができる。変更申請についても同様である（法24条4項・5項）。審査請求は原則として処分があったことを知った日の翌日から起算して60日以内に行わなければならない（行政不服審査法14条1項）。

(3) **教示制度**

行政不服審査法は，教示制度を定め，行政庁は，処分のさいに不服申立てのできること，不服申立てを行うべき行政庁および不服申立期間を教示しなければならないとしている（法57条）。ただし，外国人については不服申立てが認められていないので，このような教示をする必要がないことになる。

第5節　生活保護の課題

　生活保護制度は，社会保障制度の基底的制度であり，国民の生存権・生活保障の最後の拠り所・社会の安全網である。したがって，生活保護の制度運営にあたっては，国民の生活不能の事態に的確・迅速に対応し，漏救も濫救もないようにすることが最も大切である。しかし，わが国の近年の保護率は，長引く不況にもかかわらず低率で，また保護の捕捉率が低いという指摘もある。ここでは，そうした問題をふまえ，生活保護の拡充のために克服すべきいくつかの課題をあげておきたい。

1．補足性原理の解釈基準の法定化

　補足性原理は抽象的な規定になっているので，要保護者の生活基盤の安定と生存権の内実を強化するため，この原理の解釈基準を具体的な表現で法定化する必要がある。と同時に，保護の決定・実施にあたっては，補足性原理のみを強調するのではなく，生存権保障原理等の他の原理との調和を図りつつ適用することが求められる。

2．国籍条項の廃止

　生活保護法は，その第1条に規定する「すべての国民に対し」（国籍条項）という文言からして，原則的には外国人は適用対象とされないと考えられている。ただし，生活に困窮する外国人に対しては，行政通達により，事実上，法を準用する措置がとられてはいる。しかし，準用である以上，一方的な行政措置にすぎず，法律上の権利として保障されるわけではないので，外国人は保護を請求できる立場にはなく，また不服申立てをすることができないと解されている（昭和29年5月8日，厚生省社会局長通知）。社会手当も公的扶助（生活保護）も，無拠出給付であり，財政面で差異がないにもかかわらず，児童扶養手当法などの社会手当では国籍要件が撤廃されたが，生活保護法ではそれが撤廃されずに残されている。定住外国人も社会の構成員であり，内国人と同様に税負担の義務もある。生活保護法が外国人を適用除外とするのは法の下の平等に

も，国際社会保障の内外人均等待遇原則にも反するので，国籍条項を廃止するなど早急な改善が必要である。

3．生活保護基準の法定化

厚生大臣が告示の形式で定める保護基準，とりわけ基本的な生活費である生活扶助基準は，物価や生活様式の変動に伴い改定しなければ最低生活の実質が担保できない。そこで，年金額のように，保護基準を少なくとも5年に1度見直し，国民のコンセンサスを得るために国会で法定化し，さらに次の再計算年までの間は，物価の変動により，毎年自動的に改定する方法などを検討すべきである。

4．手続的権利の具体化とオンブズマン制度の採用

生活保護の申請は要式行為ではないとされるが，実務では保護申請書，資産申告書，収入申告書および関係先照会等の同意書などの書類の添付を申請に条件づけ，事実上は煩雑な要式行為となっているので，保護の手続的権利を保障するために，添付書類や手続方法を簡素化するなど，法規定を整備する必要がある。また，これまで十分に機能していなかった行政救済を公正・迅速な権利救済として機能させる必要があるが，それには第三者機関のオンブズマン制度も併用し，権利性の確保にもっと配慮すべきである。

参考文献
- 厚生省社会局保護課監修『生活保護法の運用（続）』社会福祉調査会　1958年
- 全国社会福祉協議会編『生活保護手帳'98年度版』全国社会福祉協議会　1998年
- 厚生省社会・援護局保護課『生活保護関係係長会議資料』1999年3月
- 小山進次郎『生活保護法の解釈と運用』全国社会福祉協議会　1951年
- 田畑洋一『公的扶助論』学文社　1999年
- 福祉士養成講座編集委員会編『公的扶助論』中央法規出版　1998年
- 『国民の福祉の動向（第45巻第12号）』厚生統計協会　1998年

著者紹介

田畑　洋一（たばた　よういち）

1945年　鹿児島県生まれ
　　　　西九州大学家政学部社会福祉学科助教授を経て，
現　在　鹿児島国際大学社会学部教授
専　攻　社会保障論，公的扶助論担当

著　書　『社会福祉・社会保障』（分担執筆　広川書店　1989年）
　　　　『現代公的扶助法論』（分担執筆　法律文化社　1990年）
　　　　『社会保障論』（分担執筆　ミネルヴァ書房　1994年）
　　　　『現代の社会福祉学』（分担執筆　小林出版　1998年）
　　　　『公的扶助論』（学文社　1999年）

社会保障各論―所得保障―その仕組みと課題

2000年7月30日　第1版第1刷発行

著　者　田　畑　洋　一
発行者　田　中　千津子

発行所　〒153-0064　東京都目黒区下目黒3-6-1
　　　　☎ 03(3715)1501　FAX 03(3715)2012　株式会社　学文社
　　　　振替　00130-9-98842
　　　　ホームページ　http://www.gakubunsha.com

検印省略　　　　　　　　　　　　　　　　　　　Ⓒ TABATA Youichi
ISBN 4-7620-0979-2　　印刷／シナノ印刷㈱